小澤裕美

爆笑！エリート中国人

幻冬舎新書
183

まえがき

「中国人っておもしろすぎる！」

これが、10年以上、中国人や中国企業と付き合ってきた私の感想です。

そんなことを書くと、

「冗談だろう？　中国人とのビジネスなんて、しんどいことだらけじゃないか」

とブーイングが聞こえてきそうです。

確かに中国人は手ごわいです。

日本人の常識が通用せず、とんでもないことを言い出したり、実際に信じられない行動を起こしたりします。いくつか紹介しましょう。

中国人の新入社員の話です。彼女は中国の一流大学を出たエリートで、卒業後はヒルトン北京ホテルで働き、その後、日本の大学院でＭＢＡ（経営学修士）を取得した才女です。

その彼女が入社早々に私のところにやってきて、こう言ったのです。

「中国ではブラウスからストッキングまで全部、会社から支給されました。お正月にはお祝いに魚をもらいました。新華ファイナンスでは何を支給してくれるんですか？」

「え？　日本にはそういう習慣はないんですよ。給料以外、何もありません」

「うそでしょ！　何もくれないんですか？　信じられない！　だったら、給料をもっと上げてください」

「まだ入社したばかりなんですから、それは無理ですよ」

「どうしてですか？　それ、おかしいじゃないですか！」

「そう言われても、日本と中国では習慣が違うんですよ。給料の件は、昇給の時期が来たら考えますから、それまで待ってください」

そんなやりとりの後、彼女はとても不服そうな顔をして席に戻りました。中国では企業が社員の着るものから食べるものまで、なんでも面倒を見るのが当たり前。それが普通だと思っていた彼女には、日本企業の常識が非常識に思えたのでしょう。

中国人は大陸育ちだからか、やることが大胆不敵だと感心することがあります。驚くよりも、唖然《あぜん》としてしまいます。次に紹介するのは、調査依頼された案件でのビックリ仰天事件です。

ある日本企業が中国に工場を建てることになり、提携するためにいくつか中国側の企業を視察した後、お目当ての企業を絞り込み、私たちに最終的な調査依頼をしてきました。早速、行動を開始し、うちのスタッフが現地に出向きました。ところが、あちこち調べても、どこにも該当する会社が見つからなかったのです。

その旨を伝えると、現地を視察したという担当者が、

「そんなはずはない。会社は確かにあった。社屋も立派で、従業員が何万人といた。宿舎もあった。この目で見たのだから、ないはずがないでしょう！　ちゃんと調べてください」

と言うのです。

しかたなく、再度、調査すると、確かに会社はありました。あることはあったのですが、まったく別の会社でした。住所は同じなのに、会社名が違う……冗談みたいな話ですが、

日本企業の担当者が視察に行った日だけ、看板を付け替えていたのです。

いろいろ調べてみると、香港の会社が工場を誘致したいがために、ありもしない工場をでっち上げたのでした。おそらく、その住所にあった工場は、知り合いか誰かのものだったのでしょう。頼み込んで、一日だけ貸してもらったのに違いありません。

まるで、子どもの浅知恵のような行動です。きっと、なんとかして日本企業と提携したかったのでしょうね。それで、誘致が決まれば万々歳。それから工場を建てればいいと思ったのでしょう。最初から騙《だま》すつもりはなかったと思います。ほしいと思ったものは、なんとしてでも手に入れようとする。それが中国人なのです。

もちろん、この誘致話は立ち消えになりました。信じられないようなトホホな話です。担当者にとっては悪夢のような出来事でしょう。

けれども、日本企業には中国人との付き合い方を学ぶ、いい機会になったと思います。まさか、こんなことをするなんて、日本人なら思いつきもしませんからね。「そんなことあるわけない」という前提を取り払わないと、中国人とのビジネスはやっていけないのです。

思い起こせば、私と中国との出会いは、さかのぼること約30年、高校生のときでした。なぜか中国に留学してしまったのです。

そのときの印象はといえば、「昭和20〜30年代の日本って、こんなだったのかなぁ」と思わせるような、のどかな国。まさか、こんなに急激に経済成長を遂げるとは思いもしませんでした。

私はといえば、その後、中国のことはすっかり忘れ、証券会社を渡り歩くバリバリのキャリアウーマンとなり、順風満帆の人生を送っていたのです。それが、気づけば、中国の金融情報サービスや日中間のビジネスコンサルティングなどを行う「新華ファイナンスジャパン」の社長におさまり、中国づくしの日々を送ることに。公私ともに中国色に染まった私の生活は、毎日が「エーッ、ウソ、マジ!?」の連続。なにしろ、中国人ときたら、自己主張は激しいし、自分勝手だし、こうと決めたらテコでも動かない頑固者なのです。けれども、そんな彼らにも学ぶべき点がたくさんあります。だからこそ、10年以上も日中のビジネスの橋渡しを仕事にできているのです。

実際問題として、経済大国となった中国を無視して日本の成長はありません。イヤイヤながら付き合うより、「おもしろい国じゃん」と前向きに取り組んだほうがうまくいきます。「イヤよ、イヤよもスキのうち」というじゃありませんか。

さて本書では、抱腹絶倒のエリート中国人から学んできたこと、海千山千の中国企業を相手にビジネスをするための心構えを、あますところなく紹介したいと思います。大いに笑って、ぜひ、中国人との付き合いに活かしてください。

爆笑！　エリート中国人／目次

編集協力　佐久間真弓

第一章　エリート中国人の不可解な習慣

「私はエリート、お茶なんかいれません!」

中国人と一緒に仕事をしていると、文化・習慣の違いに戸惑うことが多くあります。日本人は世界でもまれに見る勤勉な国民で、一人でなんでもこなす働き者ですが、それを当たり前だと思っていると、とんでもない反発を食らうことになります。

たとえば、私が新人社員の頃、お茶出しやコピーとりは当たり前。雑務をこなすのも仕事の一つでした。ところが、中国人は違います。

あるとき、中国人の女性にコピーを頼んだら、「コピー?　とんでもない。私は大学を出ているのよ。こんなことをするために大学を出たんじゃない!」と猛烈に抗議されました。あまりの怒りように、「え、何?　どうしたの?」と、私のほうがタジタジとなる始末。上司だからと遠慮する様子もありません。

コピーとりですらこうですから、お茶出しなんて、もってのほか。雑用など、大学を出たエリートの仕事ではないと思っているのです。

日本では、電話とりやコピーとりも仕事のうちと考え、新入社員は段階を踏んで少しずつビジネスのノウハウを覚えていきます。大学でどれほど専門的な勉強をしていても、最初からむずかしい案件を任されることはありません。先輩や上司から手ほどきを受け、少しずつ仕事を覚えていきます。また、いろいろな仕事を経験させ、オールマイティなゼネラリストを育てようという企業風土もあります。

ところが、中国では、大学で学んだことが仕事に直結しています。金融の勉強をした人は金融機関に入り、即戦力として働き始めます。そういうお国柄ですから、新入社員でも自分の専門性を活かしたいという欲求が強く、最初からむずかしい仕事をしたがります。

プライドが高いんですね。だから、コピーとりやお茶出しはもちろん、ちょっとした買い物もしません。「なんで、そんなことしなくちゃいけないの⁉」と食ってかかられるのがオチです。ただ、自分の仕事に関係することなら、コピーとりもやります。要するに、自分の仕事に直結しないことはやらないのです。

ちなみに、中国ではお茶をいれる専門の職種があって、茶水といいます。香港映画のエンドロールに「茶水」という言葉が出てくることがありますが、これは映画制作スタッフに飲み物を出す人のこと。レストランのウエイターやウエイトレスと同じように、れっきとした職業なのです。

そんなわけで、エリート中国人にお茶出しを頼むと、「私は茶水じゃない！」と反発されることになります。バカにされたように思うんですね。日本と違って、中国では役割分担がはっきりしていますから、仕事と関係のないコピーとりやお茶出しは頼まないほうがいいでしょう。

期日が迫っても残業はしない

日本のビジネス街に行くと、夜遅くまでビルの明かりが煌々《こうこう》と闇夜を照らしています。みんな残業しているんですね。日本人にとって、珍しい風景ではありません。むしろ、「がんばっているんだな」と応援したくなります。

ところが、中国に行くと、そんな光景を見ることはありません。みんな終業時間が来たら、そそくさと退社するからです。残業することなど滅多にありません。たまに明かりがついていても、残っているのは、日本人の駐在員だったりします。

中国人は残業をしない――そんな中国人の気質を知っている私でも、ときにイタイ目にあうことがあります。

中国人の部下に、取引先の日本企業に提出する書類の作成を頼んだときのことです。提出期限を伝え、必ずその日までに仕上げるようにと命じました。日本人なら、それで十分でしょうが、相手は中国人です。心配した私は数日ごとに「仕事はどう？　ちゃんと進んでいる？」と進捗《しんちょく》状況を確認しました。すると、いつも「大丈夫です。予定通りやっています」と力強く答えるのです。そう言われたら、信じるしかありません。

彼は余裕の表情で残業もせず、夕方になると帰宅します。その姿に一抹の不安を感じながらも、彼を信じました。いざとなれば、残業してでも約束の期日までに完成させるだろうと思っていたのです。残業しないのは、仕事が順調に進んでいる証拠だと勝手に思い込んでいました。きっと信じたかったのでしょうね。

けれども、私の不安は的中してしまいました。締め切りの前日に「どう？　もうすぐできる？」と聞いたら、「いいえ、まだです」と言うのです。

「え？　締め切りは明日よ。明後日には取引先に見せないといけないのに、どうするの？」

「わかっています。けれども、あと少し時間があれば、すばらしいものができあがります。もう少し時間をください」

「そんなこと無理に決まってるでしょ。明日までに仕上げて！」

「いや、そう言われても、明日までは無理です」

「じゃあ、残業して、仕上げてちょうだい」

「それは無理です。予定がありますから、残業はできません」

こんな堂々巡りのやりとりをした後、結局、根負けしたのは私のほうでした。もちろん、締め切りを延ばすことなどできません。しかたなく彼から資料をもらい、私自身が徹夜して仕上げるハメになったのです。

けれども、その部下に悪気はありません。中国人には残業してまで締め切りを守るという意識が希薄なのです。締め切りを守るより、いいものを作ることのほうが重要で、いいものができるなら、締め切りを遅らせるのは当然だと考えています。そのことで言い争っても、暖簾《のれん》に腕押し。言うだけムダというものでしょう。

中国人と仕事をするなら、そういうものだと腹をくくるしかありません。考えようによっては、締め切りを過ぎても、それに勝る成果が得られるならいいじゃないかという論理も成り立ちます。それが中国人の考え方なのです。

期日までに仕上げてもらいたいなら、締め切りの日時を早めに設定するか、特別手当を出して奮起させるか、どちらかで対処するしかありません。ニンジンをちらつかせるとモチベーションが上がる人たちなので、残業手当を出すのも効果的です。どちらにしても、広い心で付き合う覚悟が必要なのです。

調査レポートは穴だらけ⁉

残業をしなくても、完成度が高ければ、「まぁ、いいか」と思いますが、そうではないことも度々あります。私は仕事柄、調査レポートを作成することが多いのですが、現地の中国人に統計データの取りまとめを頼むと、表のあちこちが空白になっていたりします。

「1991年と1994年の売り上げの数字が入っていないけど、どうしたの？」

「ああ、そこはわからないんです」

「わからないって、毎年、数字を出しているでしょ？」

「うーん、たぶん、出していないと思います」

「そんなぁ。どうしたらいいの？」

「そう言われても、どうしようもありません」

日本だったら、毎年のデータが途切れるなんてことは、まず、ありません。けれども、中国の場合はありうるのです。しかも、どうして、その年のデータがないのか、だれに聞いてもわからないのです。「ないものは、ない」と言うだけです。

日本人だったら、なんとか取り繕おうとしますが、中国人は違います。開き直るというのか、気にする様子もないのです。いくら怒ってみても、こちらのエネルギーを消耗するだけなので、諦めるしかありません。

しかたがないので、空白の数字は前後の年の数字を平均して出したりします。もちろん、クライアントに対しても、きちんと説明します。数字がないと、グラフ化ができないので、「ないものは、ない」ではすみません。そこは中国人スタッフとコミュニケーションを取りながら、こちらがなんとかするしかありません。

前にも書きましたが、中国人は自己顕示欲が強いというのか、仕事ができそうになくても「できる！」と主張する人種で、それを信じて頼むと、イタイ目にあいます。締め切りがあっても、締め切りを延ばそうとしたり、未完成のまま提出したりします。決して「できませんでした」とは言わないし、それを「申し訳ない」と謝ったりもしません。途中で放り出してしまうだけ。ホントです。

スタートは勢いがいいけれども、結局、尻ぬぐいするのは日本人なのです。そのへんのことを頭に入れて、途中経過をチェックしないとダメです。相手がエリート中国人でもそうです。ただ、新華ファイナンスジャパンの日本語チームの中国人は別で、朝は早く来て、夜も遅くまで残業しています。日本式に慣れているからでしょうか。

また、印刷の色の件でトラブることも多いですね。中国には微妙な色の違いを表現する言葉がないのです。たとえば、中国人は、水色も、藍色も、群青色も、緑も、みな「青」と表現します。深緑や黄緑といった言葉もありません。それで、「色が違う」とトラブルになるのです。

日本人だったら、電話のやりとりで十分ですが、相手が中国人の場合、できあがって唖然とすることになります。ちゃんと色見本を見せて、「この色でやってください」と念押ししないとダメです。そこまでやっても、中国では印刷の機械やインクの質も違いますから、同じ色を出すのはむずかしい。そう覚悟しておいたほうがいいでしょう。

日本人が繊細すぎるのか、中国人が大雑把すぎるのか、そのギャップは想像以上に大きいですね。とにかく、日本人の感覚で仕事をすると、イタイ目にあうのは確かなようです。

エリート中国人は子だくさん

日本人が離婚すると、子どもを引き取るのはたいてい母親です。子育ては母親の仕事という社会通念があり、本人も周囲も母親が育てるほうが無難だと考える傾向があるからです。もちろん、母親自身、子どもを引き取りたいという気持ちが強いこともあるでしょう。

ところが、中国では父親が子どもを引き取るケースも多々あります。私の知っている超金持ちの中国人男性は5回離婚し、母親の違う子どもが5人います。彼は高級レストランを中国全土で展開する経営者で、現在はオーストラリアの豪邸で6人目の妻と5人の子どもたちとで仲良く暮らしています。

彼によると、離婚するとき、「子どもはどうする?」と元妻に聞いたら、「子どもはいらない。だって、次に結婚するとき困るでしょ?」と言われたそうです。5人が5人とも、そう言ったというのですから、きっと中国では珍しいことではないのでしょう。

では、中国人の女性は母性愛が薄いのでしょうか?

いいえ、そんなことはありません。実際、子ども好きは多いし、日本人と同じようにかわいがります。愛情が薄いとは思えません。ただ、再婚するのに子どもがいては不利になるから、夫に子どもを託すのです。

といっても、元妻にあまり悩む様子はありません。実にあっさりしています。現実的というのでしょうか。お金を持っているほうが養育すべきだと、心の底から信じているようです。子どもより、自分の幸せを優先するんですね。

実をいえば、中国人は家政婦に子育てを任せることが多く、日本人女性のように子育てに専念することがありません。中国では男女ともに働くのが当たり前で、お金持ちでなくても住み込みの家政婦を雇い、家事や子育てを任せるのが普通です。母子密着のような関係はないのです。

また、子どもを両親に預けて、夫婦そろって都会に出稼ぎに出ることも珍しくありません。そうなると、子どもに会うのは年に1〜2回です。日本人から見ると、子どもがかわいそうに思いますが、中国ではだれもそんなふうには考えません。稼げるときに稼ぐのが当たり前で、そのために子どもと離れるのはしかたがないと考えているのです。

そんなわけで、離婚した母親は子どもを父親に託し、次の結婚へと向かいます。いま中国では一人っ子政策を推進していますから、もし、子だくさんの中国人男性に出会ったら、子どもの数だけ離婚していると考えていいかもしれません。

自腹を切るなら参加しない

中国人と日本人、どっちがお金にうるさいかといえば、明らかに中国人に軍配が上がります。私が出会った中国人はほとんどがそうなので、国民性といってもいいかもしれません。あるいは、「まえがき」で紹介したように、企業からモノをもらうのが当たり前という社会で育っているせいかもしれません。

日本で働く中国人に限っていえば、留学や資格取得にお金を使っているから、節約したいという気持ちもあるのでしょう。いずれにしても、ムダなお金は一切使いません。すべて会社が負担するものと思っているようです。

たとえば、会社の忘年会や歓送迎会を行うとき、日本の企業なら一人1000円ぐらいの自己負担をしたりします。たいていの人は、内心「イヤだな、もったいない」と思っても、「付き合いだし、しかたがない」とお金を出します。

けれども、これが中国人になると、「お金、出すの？　じゃあ、行かない」で終わり。それはもう、徹底しています。「会社のことなのに、どうして自分のお金を払わなくちゃいけないの？　それ、ヘンじゃない？」と思っているのです。

それは、健康保険や年金の支払いにも及びます。

「年金？　いずれ中国に帰るのに、どうして払わなくちゃいけないの？　そんなムダなお金は一切払いたくない！」

そういって、中国人の社員はほとんど全員が文句を言います。これは国の制度なので、こちらとしても交渉の余地はありません。しかたがないので、控除扱いにして、彼らが帰国するときに返金する手続きをします。それで納得してもらうしかないのですが、ものすごくイヤな顔をされますね。

とにかく、お金に関してはケチというか、自分でお金を払うのはすごく嫌がります。けれども、そんな中国人でも、会社負担のイベントなら別。社員同士の親睦を深める旅行やスキー、飲み会などには、喜び勇んで参加します。むしろ、日本人より積極的です。ワイワイやるのは嫌いじゃないんですね。騒ぐことは大好きなんです。

ところが、自分でお金を出すとなると、とたんに「じゃあ、行かない」となります。社員のほとんどが参加するのに、中国人だけが参加しないと、他の社員から「どうして参加しないの？　付き合いが悪いね」と思われてしまいます。

日本人だったら、社内の雰囲気が気まずくなるのを気にして、乗り気じゃなくても参加するところです。けれども、中国人はそういうことを気にしません。人にどう思われようが関係ないんですね。そこはもう、神経が図太いというか、おおらかというか、ある意味、感心してしまいます。

自分のものは自分のもの、人のものも自分のもの——それが中国人の処世術といえそうです。

中国人にとって会社は「打ち出の小槌」

中国人がなんでもモノをねだるという話は「まえがき」に書きましたが、もっと上を行く話があります。

内陸の地方都市から日本に駐在員として滞在していた男性は、スポーツクラブに通う費用も、スーパーで買う食料品や日用品などの支払いも、すべて会社経費で落としていました。中国本社の経理の人は、スポーツクラブの名前もスーパーの名前も知りませんから、領収書に「西友」と書いてあっても、名目が「会議費」であれば、そのまま必要経費として計上してしまうのです。

また、日本に滞在中、借りている家に友人や知人を呼んで一緒に暮らすこともあります。もちろん、会社には内緒です。家に行くと、知らない人がゾロゾロと出てきて、びっくり。でも、みんな、涼しい顔で同居しています。

たとえ給料が安くても、会社から生活に必要なお金を出してもらえれば、余裕ですよね。生活費がまったくかからないのと同じなのですから。

給料の額だけ見れば、日本のサラリーマンのほうが上ですが、生活レベルは中国のサラリーマンのほうが上かもしれません。お昼を300円のうどんで済ませている日本人男性は、ホント、気の毒です。中国人が知ったら「バカじゃない？　会社から出してもらえばいいのに」と思うはずです。

中国人駐在員にとって、会社は打ち出の小槌みたいなものです。出してもらえるモノは、なんでも出してもらおうと思っているのです。生活費に自分のお金を使うなんて、もったいないと思っているに違いありません。給料はまるまる自分のおこづかいになるのです。まったく、うらやましいかぎりです。

中国企業にも、社会貢献という意識は薄いようです。ただ、四川大地震のときは、さすがに寄付する会社が多かったようです。中国企業も、欧米企業のようにＣＳＲ（企業の社会的責任）を意識し始めたということでしょうか。

ただし、おまけの話があって、その募金額のランキングが企業名とともに公表されたのです。そうしたら、けっこう大きな会社が下のほうにランキングされていて、市民から「会社が儲かっているのに、大して寄付していない！」と非難する声が上がったそうです。

かわいそうだったのが、有名な女優さんや男優さんたち。せっかく寄付したのに、「お金を持っているはずなのに、募金額が少ない」と、これまた批判の対象になったようです。

公表した側にすると、もっと寄付してほしいという意図があったのでしょうが、こういうところにも中国人の自己顕示欲が表れていると思いますね。

中国人に必要なのはニンジンとアメ？

いま、本屋に行くと、「社員のモチベーションをいかに上げるか」をテーマにした本が何冊も並んでいます。上司は部下のやる気をどうやって引き出すか、仕事に意欲を持ってもらえるか、頭を悩ませています。

一方、就活中の学生が企業に求めることは、仕事のおもしろさややりがいといった精神的な充足感です。生活のためにお金を稼ぐというより、自分の能力を活かしたいと願っています。

中国人の社員にしても、自分の力を試したいという欲求はあるでしょうが、日本人よりも現実的です。目の前にニンジンをぶら下げられると、簡単にモチベーションがアップします。それは社内のイベントだったり、報奨金だったり、表彰だったり、なんでもいいのです。「ここまでやったら、これ、あげる」と言えば、俄然、はりきって仕事をします。

たとえば、社内イベント。仕事の山場を越えて気が緩んできたとき、次の言葉がカンフル剤になります。

「この仕事を早く終わらせて、みんなでスキーに行こう。経費は会社持ち！」

「えー!?　ホントに？　よし、がんばるぞ！」

これで、彼らのモチベーションは一気に上がります。ただし、あくまでも会社負担というのがポイントです。

もし、「自腹でね」なんて言おうものなら、「ちっ、そんなの行かない」とそっぽを向かれてしまいます。自費にしたら逆効果です。

イベントはなんでもかまいません。バスツアーや温泉、山登りなどを企画すれば、大喜び。遠出しなくても、飲み会やボウリング大会でもいいのです。仕事の間に遊びを入れる。

それが気分転換になって、やる気を引き出すのです。

あるいは、社員同士を競争させて、優秀な成績を収めた社員を表彰するといったことでも、大いにモチベーションが上がります。がんばった人には金一封が出るといったら、大喜びするでしょう。お金でなくても、記念品でもオーケー。ふだんはやらない残業だって、積極的にやると思います。

また、中国人の上昇志向はものすごく高いので、語学習得や資格取得のための費用を工面してあげると喜びます。研修とかも好きですね。自分磨きがハンパじゃないです。日本人の場合は、語学スクールなど、趣味的に通う傾向がありますが、中国人は「絶対、ものにしてやる！」と思って猛勉強します。

どこかに就職しても、日本人のように「定年まで働く」という発想がないので、ステップアップのためにはなんでもやります。資格を取得したら、より給料の高いところに転職するとか、自分で起業しようと考えています。会社側としたら、スクールの費用を出して転職されたら「泣きっ面に蜂」ですが、モチベーション・アップにつながるなら、必要経費と割り切るしかありませんね。

よく聞くたとえに「アメとムチ」というものがあります。優しいことを言って励ます

「アメ」と、厳しいことを言ってハッパをかける「ムチ」を使い分けて、社員のモチベーションを上げるというもの。これは日本人には当てはまるかもしれませんが、マイペースな中国人に「ムチ」はあまり効果がありません。ムチなどふるったら、反発されるのがオチでしょう。

中国人のモチベーションを上げるもの、それは目の前にニンジンをぶらさげ、ヨイショして持ち上げること。ニンジンとアメをうまく使えば、気持ちよく働いてくれるに違いありません。

「どうしてコートを脱がなきゃいけないの？」

私の仕事の一つに、中国人の新入社員研修があります。相手は日本の大学に留学したようなエリートたちで、日本語はペラペラ。それでも、日本の文化・風習を教えるのは大変です。なにしろ、彼らは物おじしないし、ものすごく積極的。素直に「ハイ、ハイ」と言うことを聞いてくれません。いちいち「どうして？」「なんで？」と質問攻めにあい、こっちが四苦八苦してしまいます。

思わず笑ってしまったのが、ビジネスマナーを教えたときのこと。

「取引先などの会社訪問の際、日本ではお客さまの会社に入る前にコートを脱いでください。どんなに冬の寒い時期でも、そうするのが日本人のマナーです」

と伝えたら、早速、質問されたのです。

「どうして、コートを脱ぐんですか？　寒いじゃないですか」

「どうしてって、それが日本のビジネスマナーなんです」

「会社のなかに入ってから脱いだらダメなんですか？」

「ダメです」

「入ってからでもいいじゃないですか。何が違うんですか？」

「うーん、何が違うって言われても、そういう習慣ですから」

「そんなことして、風邪を引いたらどうしてくれるんですか？」

「えーっと、その場合は、会社を休むしかありませんね」

この質問をしたのは、日本の有名大学の大学院を出た秀才ですが、一人っ子政策で甘やかされて育った典型的な「おぼっちゃま」青年。外でコートを脱ぐなんて、中国では考えられないことだったのでしょう。

彼に限らず、勉強一筋でやってきて、何もできない若者が多くなっています。家庭でのしつけが全然なっていないんですね。お客さまと食事に行っても、相手にお茶をいれるという気配りもないし、ドアをノックしないでいきなり入室したり、遅刻しても連絡してこないなど、ビジネスマナー以前の礼儀作法が身についていない人が増えています。一人っ子で育っているから、親も甘やかすんでしょうね。

また、会社では、お客さまに対して社内の人を「いま、小澤は出かけております」などと呼び捨てにしますが、これも違和感があるようです。どうして「さん」づけで呼んではダメなのかと必ず質問されます。

それから、「席をはずしている」という表現もそうです。どうして「いません」じゃいけないのか、「はずす」ってどういうこと？　と質問されますね。聞かれる私も、きちんと説明できないことが多く、日本語はむずかしいとつくづく思います。

名刺が切れたときの仰天対応

日本の企業では、例外はあるにせよ、ほとんどの社員がビジネスマナーに精通しているため、あまり礼儀作法で驚かされることはありません。しかしながら中国人と仕事をしていると、ビックリさせられることが多々あります。

あるとき、中国人ビジネスマンと会い、名刺交換をしました。正確にいうと、名刺を渡そうとしたら、相手の人がこう言ったのです。

「あ、すみませんね。私、名刺を切らしてしまいました」

そう言うや否や、ボールペンを取り出し、私が手渡した名刺に自分の名前と連絡先を書き始めたのです。そして、その名刺を私に差し出しました。

「これ、私の連絡先です。よろしく」

「へ？　これ、私の名刺なんですけど……」

あっという間の出来事でした。あきれるというか、笑っちゃうというか、いかにも中国人らしい行動です。日本人だったら、「すみません、名刺を切らしてしまって」とお詫びをして終わるところでしょう。

その後、別の機会にも同じようなことがあり、同席した日本人スタッフが「人の名刺に自分の名前と肩書きを書くなんて、マナーが悪い」とあきれていました。私はもう慣れて、なんとも感じなくなっていましたけれどね。

中国でも、大手企業のなかにはビジネスマナーを取り入れて、指導しているところもありますが、まだ一般的ではないし、日本ほど細かいことは教えていないと思います。

そもそも中国人は細かいことは気にしないし、知らない他人はいないも同然という感覚でいます。そういう考え方なんですね。だから、駅のホームで列を無視して割り込んだり、電車のなかで大声で話すことも平気なのだと思います。

かといって、道徳心がないわけではありません。道を聞けば、ていねいに教えてくれるし、子どもと老人をとても大切にします。北京に行くと、お年寄りに席を譲る光景をよく目にします。ただ、上海に行くと、ほとんど見かけませんね。やはり大都会では思いやりの心が薄れてしまうのでしょうか。それは日本も同じですね。

エリートは身長で決まる

日本では同じような条件の女性であれば、美人でかわいい子のほうが採用されやすいと聞いたことがあります。ウソかホントか、真偽のほどはわかりませんが、さもありなんという気はします。

ところが、中国では顔のよしあしよりも、身長が美人の基準なのです。つまり、背が高ければ高いほど、美人というわけ。小柄な女性がモテる日本とは正反対ですね。それは男性にも当てはまり、就職のときに有利なのも背の高い人。実際、就職の採用基準に「身長〇〇センチ以上」と定めているところがあるくらいです。ホントですよ。仕事ができるかどうかなんて、身長とは関係ないんですけれどね。見た目が堂々として見えるからでしょうか。

私の夫は中国人なのですが、結婚を決めた当時、彼の両親から「日本人だから」と反対されました。ですが、最終的には「でも、まあ、背が高いから許す」と言われました。結婚を認めるポイントが身長だなんて、びっくりです。

中国人に言わせると、「きれいかどうかなんて個人的な好みでしょ？　好みはまちまちなんだから、美人かどうかなんて決められない」ということになります。でも、美醜は整形すれば修正できますが、背の高さは変えられませんからね。どっちがいいのか、なんとも言えません。

だいたい北に行くほど背が高く、南に行くと背が低くなるようです。それで南部地区の広東省出身の人が北部地区の大連に行くと「美人が多いなぁ」と喜びます。反対に、日本人は小柄で丸顔の女性が好きなので、西南地区の四川省に行くと「かわいい子が多いなぁ」と喜びます。

北部地区と南部地区とでは、10センチほどの身長差があるそうです。体型も地域によってかなりの差があるくらいですから、気質もだいぶ異なります。

上海は大都市ということもあって、プライドが高くて「給料上げろ！」という要求も激しく、転職を繰り返す人が多いですね。その点、地方の人は従順でコツコツと仕事をする人が多くて、やりやすいです。

中国の人民解放軍の80％は四川省と山東省の出身者といわれますが、性格が温和で集団行動に向いているのかもしれません。人情に厚く、おおらかな感じがします。

いま、振り返ってみると、朝鮮族の人と一緒に仕事をして助けられたことが多いですね。ドライなところがある漢民族の人より、人情が厚く、協調性もあるように思います。朝鮮語と中国語の両方を話せるので、ビジネスパートナーとして組めば、発展性があるのではないでしょうか。

彼らは北朝鮮との国境にある吉林省に多く住んでいますが、そこに行くと、どういうわけか美容整形の店がやたらと目につきます。韓国も美容整形が盛んですが、朝鮮族の人は美意識が高いのでしょうか。

上海出身者は生まれながらのエリート!?

私は出張で上海に行くことも多いし、上海出身の部下が何人もいます。中国に進出する日本企業も、上海を起点とするところが多いと思いますので、上海人の特徴について書いてみたいと思います。

まず、生粋《きっすい》の上海人はほとんどがホワイトカラーです。街角で見かける建設現場や製造工場で働いている人は地方からの出稼ぎばかり。貧富の差は歴然で、上海人は地方出身者を見下しているところがあります。とんでもなく自意識過剰なのです。

「私は上海人よ、あんたたちとは違う」

「結婚するなら同じ上海人じゃなきゃイヤだ」

「地方出身の田舎者なんか、相手にしたくない」

上海生まれの中国人の意識は、こんな感じです。それはもう、はっきりしています。

実は、こうした彼らの差別意識の背景には、中国の戸籍制度の問題もあります。基本的に出身地から戸籍を移すことができないのです。そのため、農村に生まれた人は農民戸籍のままで、地方から都会に出てきても健康保険には入れないし、ローンを組めないから家も買えず、子どもが生まれても都会の学校には通えません。

地方出身者が都会で都市戸籍を得るためには、そこの地域の大学を卒業するか、正社員として一定期間働くか、お金を貯めて現金で家を買うしか方法がありません。この戸籍制度については少しずつ改善されてはいますが、まだまだ時間がかかります。地方出身者が都会で成功するためには、とんでもなくハードルが高いのです。

そんなわけで、上海に生まれた人はそれだけでラッキー。苦労することなく恵まれた環境にいられるのですから、無意識のうちに鼻が高くなるのも道理というわけです。

上海人はパジャマがお好き!?

中国人には驚かされることが多いですが、上海で見かけた光景には絶句してしまいました。上海の街中で、パジャマ姿にパンプスを履いた女性が歩いていたのです。思わず、見間違いかと思って、目をこすりましたが、あれは明らかにパジャマでした。まさか、パジャマ風のスーツ？　いえ、そんな突拍子もないファッションはないでしょう。

しかも、一人やふたりではないのです。何人かパジャマ姿の女性を見かけました。まさか、その格好で仕事に行くとは思えませんが、パンプスを履いているというのも奇妙です。もしかすると、着替えるのが面倒くさくて、寝起きのまま外に飛び出したのかもしれません。たまたま、そういう人が何人か現れたということでしょうか。

念のため付け加えると、中国の他の地域では見かけたことがありません。おそらく上海地区のみに見られるファッション（？）だと思います。

もともと中国人はパジャマを着る習慣がなく、下着姿で寝るのが普通です。西欧文化の流入で「パジャマ」という新しい服装に遭遇し、パジャマが一種の流行の先端を行くスタイルになったとも考えられます。

それに、中国人は日本人のように他人の目を気にするということがありませんから、他人がどんな格好をしていようが気にしないし、おかしいと思っても「ヘンだ」と注意する人などいません。

なにしろ中国は日本の25倍もの広さを持ち、人口13億のうち民族は56民族、80もの異なる言語がある国です。文化・習慣も多種多様といっていいでしょう。そのなかでも、上海は北京と並ぶ大都市で、人口は２０００万人を超えます。上海生まれの中国人のプライドの高さは天下一品で、自分たちがすべてをリードしていると思っています。パジャマ・ファッションにしても、上海だから成り立つんでしょうね。

いつでも、どこでもケータイ電話

日本では電車のなかでケータイ電話が鳴ると、イヤな顔をされたりしますが、中国では電車だろうが、飛行機だろうが、おかまいなし。ケータイ電話のマナーが云々されることはありません。そもそもケータイ電話にマナーなど必要ないと思っているのです。

その証拠に、中国国内の飛行機に乗ると、離陸する前や着陸直後にケータイ電話がジャンジャン鳴ります。「飛行機のなかなのに、非常識だな」と思って周りを見回しても、だれも気にしている様子はありません。キョロキョロしているのは私くらいなものです。

また、以前、中国企業に日本人の学生を連れて訪問したときも、社長のケータイ電話がしょっちゅう鳴って、その度に話が中断するので、ハラハラしました。まるで、客人を軽くあしらっているように見えますからね。でも、本人に悪気はないのです。電話が鳴ったら出る。それが当たり前だと思っているのです。

要するに、日本人の常識が中国人には通用しないということです。たとえば、人と会っているときにケータイ電話でベラベラしゃべるなど、日本人にとっては失礼極まりない話ですが、中国人にとってはごく普通のことなのです。むしろ、ケータイがバンバン鳴るほうが「仕事ができる人」だと思っているふしがあります。

「オレはこんなに忙しいんだぞ、すごいだろう」

そんなふうに思っているのです。だから、ケータイ電話はどこでも、いつでもオーケーです。中国では、地下鉄でもケータイ電話は通じるし、しゃべっていてもだれも気にしません。注意などしたら、「電車のなかで人が話をしているのに、どうしてケータイはダメなの?」と反論されてしまいます。

また、しゃべるだけでなく、仕事中のメールも気にしません。打ち合わせ中にメールすることなど当たり前。「人が話をしているときにメールはないでしょ?」と、注意すると「人が話している間、メールして何が悪い?」と反論されます。

それに、中国はケータイ電話の料金がとても安いのです。私が使っている仕事用のケータイは香港で買ったものですが、どこに出張に行っても一律20ドルくらい。電話はかけ放題、メールは見放題、インターネットは使い放題です。

そう考えると、日本のケータイ通信会社はずいぶんボロ儲けしていますね。

エリートをめざす子どもは外食派?

日本人と中国人のエリート、どちらの道のりが、より険しいと思いますか?

私が思うに、中国人のほうが大変だと思います。おそらく日本で東京大学に入るよりも、北京大学に入るほうがむずかしいのではないでしょうか。なにしろ13億人もの人が住んでいる国です。競争も熾烈《しれつ》を極めます。

経済開放で富裕層や中産階層が増えたこともあり、1990年にわずか3・9%にすぎなかった大学進学率が2005年には21%まで上昇しています。大学の定員を増やしたということもありますが、それだけエリートをめざす若者が急増しているということでしょう。

ところが、実際には、大学を出ても就職できない若年失業者が増えています。彼らがめざすのは高収入を見込めるホワイトカラーの職ですが、中国では金融や情報関連産業が発展途上にあり、ホワイトカラーのポストがまだ少ないのです。工場労働者などのブルーカラーの就職口はあっても、ホワイトカラーは就職難というわけです。そして、その数少ないホワイトカラーの職につくため、親も子も熾烈な受験競争へと突入します。

私がその光景を垣間見たのは、北京でのことでした。

市内の有名な小学校の近くのレストランで朝食を食べていたら、子ども連れのお母さんがいっぱいいいたのです。「なんだろう？　何かあるのかな？」と思ったら、みんな朝ご飯を食べながら勉強しているんですね。お母さんはと見ると、ディオールの高そうなバッグを持っていたりする。なかにはベンツで乗りつける人もいます。

北京や上海にはお金持ちがたくさんいますから、こんな光景は珍しくありません。それに一人っ子ばかりですから、親の期待も相当なものです。子どもだって、親の前で勉強が嫌いだとは言えないでしょう。それにしても、母親が一緒に朝食をとるというのが笑っちゃいます。朝早く起きて、ご飯の支度をするなんて面倒くさいんですね。そこが中国人らしいところです。日本だったら、「なんて、だらしない母親だ」と後ろ指を指されるところでしょう。

ところで、中国の学校は、一般学校と重点学校に分かれ、成績のいい子どもは重点学校に入ります。それは小学校から大学まであり、重点大学に入れば、エリートに一歩近づくことになります。競争に勝つためには幼稚園から受験戦争が始まるのです。

ただし、日本のような塾はないので、家庭教師を雇うか、学校に残って勉強することになります。朝6時に小学校に行き、お店でパンを買って朝食にする子どももいます。とにかく、中国では外食する子どもは珍しくないのです。そして、夜遅くまで学校に残って勉強します。

こんな調子ですから、家で手伝いをするなど間違ってもありえず、礼儀作法のなっていないエリート中国人がどんどん生み出されるというわけです。

グルメな中国人の意外な好物

日本で接待といえば、料亭での会席料理が定番でしょうが、相手が中国人の場合は違います。日本人なら「おいしそう」と目を輝かせるような京料理でも、何やら怪訝《けげん》そうな顔をします。なかには「なんだ、これ？」と露骨にイヤな顔をする人もいるのです。ほとんど箸をつけないのですから、こちらは途方に暮れるばかり。これでは接待どころの話ではありません。

そもそも中華料理を常食とする中国人にとって、冷たい料理はなじみの薄いもの。火の通っている料理でないとイヤなのです。どんなに高級な料理でも、冷たいものには食指が動きません。かろうじて食べるのは、煮物や魚などの焼き物ぐらいでしょうか。

そう言うと、「中華料理には棒々鶏《バンバンジー》や涼拌五絲《リャンバンウースー》（春雨サラダ）があるじゃないか」と反論されそうですが、私が見るところ、大好きとまではいかないようです。彼らがおいしいと思うのは、焼き肉やスキヤキ、しゃぶしゃぶなど、やはり火の通った温かい料理なんですね。とくに日本の牛肉は人気があります。

ところが、それ以上に人気のある料理があるのです。中国人に「何が食べたいですか？」と聞いたら、おそらく100人中100人が同じ回答をするに違いありません。それは日本人にもおなじみの「ラーメン」です。そう、ただのラーメン。なんだか気が抜けそうですが、ウソではありません。どんな見栄えのする会席料理よりも、ラーメンが好きなのです。なにしろ、熱々をフウフウ言いながら食べられますからね、好きなのは当然かもしれません。

もちろん、中国にもラーメンはありますが、油がこってりしていて、日本のラーメンとは大違い。あっさりした味が珍しいのか、「おいしい、おいしい」と喜んで食べてくれます。なかでも、味噌ラーメンやとんこくラーメン、とんこつラーメンが好きですね。

私が思うに、中国人には日本人のようなヘンな見栄がありません。料理の値段が高いかどうかよりも、自分の舌が満足するかどうかが問題なのです。どれだけ金持ちだろうが、エリートだろうが、「好きなモノは好き」、それが中国人なのです。

まずは、おいしいラーメンで気持ちをほぐし、ディナーは牛肉料理で締めるといいでしょう。

豪華な料理の意味が違う⁉

日本人にとって「豪華な料理」といえば、珍しい食材や旬の野菜などを使い、手間暇かけた料理のことをいいます。料理人は一皿に精魂を込め、味を競います。

ところが、中国人にとって豪華な料理とは、品数の多さのことを指します。超高級な料理を一、二品だけ出されるよりも、たくさんの料理がテーブルに並んでいることのほうが重要なのです。

それは中華料理を見れば、一目瞭然。円卓にたくさんの料理を並べて、好きなものを食べたいだけ取り分ける。そういう食べ方が中国人のいう「豪華な食事」なのです。したがって、日本を訪れた中国人を接待するときも、会席料理のように一皿ずつ運んでくる食事より、いっそ高級なバイキングのほうが喜ばれます。

たとえば、中国に進出した重光産業の味千拉麵《ラーメン》（本社・熊本県熊本市）は、熊本ラーメンの流れを受け継いだ日本生まれのラーメンですが、中国人好みの店舗とメニュー展開で大成功を収めています。

200席はあるかと思うような広い店内に入ると、「ここは本当にラーメン屋か？」というような光景が目に入ってきます。ウエイターやウエイトレスが運んでいるのは、ラーメンだけではありません。デザートやパフェ、コーヒーなど、なんでもアリ。まさにファミレスの様相を呈しています。

これは、中国人の「あれもこれも一度にテーブルに載せて食べたい」という欲求を満たしたものといえるでしょう。中国人には、日本人のような、一つの味を極めるという発想がないのです。たとえ、日本で人気のあるラーメン屋でも、小さな店構えでラーメンしか置いていなければ、成功は望めません。とにかく品数が豊富なことが、繁盛する第一条件なのです。

「郷に入っては、郷に従え」のことわざのとおり、中国人好みの品揃えで、味千拉麵は成功したといえるでしょう。

日本人の「萌え〜」は理解不能

中国と日本は近くて遠い国だと痛感するのは、日本で流行《はや》っているものが中国人にはまったく通じなかったりするときです。顔や姿が似ていても、性格というか、国民性が全然違うんですね。

たとえば、日本の秋葉原で人気のあるメイド喫茶。海外の新聞でも紹介されるくらい有名になっていたので、試しに中国人を連れて行ったことがあります。私も初めて行ったのですが、そこではメイド服を着た女の子が「いらっしゃいませ〜」と言いながら現れ、テーブルに案内してくれました。そしてコーヒーにミルクを注いでくれたりして、私たちにかしずいてくれるのですが、当の中国人はポカンとしています。

私のほうを見て、「いったい、これの何がいいんだ？」と言わんばかり。中国人には、日本人の「萌え〜」な感覚がまったく理解できないようでした。連れて行った私も、相手がまったく関心を示してくれないので、がっくり。「こりゃ、中国人好みじゃないんだな」と、メイド喫茶を接待のリストからはずさざるを得ませんでした。

それと同じで、中国人にはキャバクラも理解不能なようです。女性がお酒の相手をするだけで、手も握らないというのが信じられない様子。

「お金を払うんだから、お尻や胸をさわってもいいだろう」というのが中国人の言い分なんですね。「女性とお酒を飲んで話をするだけで、ウン万円もお金を払う日本人が信じられない。いったい何が楽しいんだ!?」というわけです。

私は女性なので、接待でキャバクラに行ったことはありませんが、日本人男性ほどには喜ばないと聞きました。中国人はとてもストレートで、はっきりした国民ですから、しゃべるだけでお金を取るキャバクラ文化は理解できないのでしょうね。

「恋い焦がれる人に注意?」

日本と中国は漢字圏の国です。もともと漢字は中国から伝わったのですから、先生と生徒みたいなものです。けれども、長い年月の間に漢字の意味や使い方が変わってきています。同じ漢字だから意味が通じるだろうと思っていると、とんでもない勘違いをされてしまいます。

たとえば、「痴漢注意」。中国語の「痴漢」には、ある人に恋い焦がれるという意味があり、「恋い焦がれる人に注意?」となってしまうのです。

そもそも、中国には痴漢する人なんていませんから、余計に「?」なんですね。しかたなく痴漢の意味を説明すると、「どうして、そんなことするの?」と聞かれてしまいます。そう言われても、私にも痴漢する男性の心理は理解できませんから困ります。

中国人の男性に話すと、「電車のなかで女性のお尻をさわる? 意味、わからない」と怪訝な顔をされるし、女性からは「どうして、やり返さないの?」と反論されてしまいます。中国人の女性は強いですから、もし痴漢にあったら、バシーンとやり返して一件落着。日本人女性のように我慢するなど考えられません。中国人と話していると、日本人がいかに内向的で、おとなしい国民であるか、痛感します。

また、「手紙」がトイレットペーパーのことだったり、「大丈夫」は立派な男を意味したり。同じ漢字圏ゆえの悩みというか、教えるほうも戸惑うことが多いですね。

それから、日本人が当たり前に使っている言葉が通じないこともあります。たとえば、エレベーターとエスカレーター。どちらも中国語では同じ単語になるのです。その場で同じ単語を使い分けないといけないので、指をさして「あれに乗ろう」と言わないと、違う方向に歩いて行ってしまいます。

スリッパとサンダルも、単語は一つです。中国人にサンダルとスリッパの違いはわからないと思いますね。たとえば、ホームパーティをして中国人を招待したとしましょう。「庭に出るときはサンダルを履いてね」と言うときには、「外で履くスリッパ」とでも言わないと、きっとスリッパのまま外に出てしまうでしょう。

「プールで体を洗う」と言う人もいます。中国の内陸部の人は海なんて見たことがないし、学校にもプールなど滅多にありませんから、「プール」と「お風呂」を混同しているのかもしれません。中国人で泳げる人も少ないと思います。オリンピックに出るような人はまれですからね。

リフレッシュできないエリートたち

日本人は遊び下手といわれますが、昔に比べると、休日の過ごし方が上手になりました。キャンプに行ったり、旅行に行ったり、趣味に時間を使ったり。それに比べて、中国人エリートは息抜きするのが下手だと思います。

以前、北京にいる中国人スタッフが「小澤さん、5日間、有給休暇をください」と言ってきたことがあります。旅行にでも行くのかと思い、「どこかに行くの？」と聞いてみました。すると、返ってきた答えは予想外のものでした。

「旅行？　とんでもない。家で日本語の勉強をするんです」

「え？　5日間も家にこもって勉強するの!?」

「そうです！」

彼は「何を言っているんだ？」という顔で、キッパリと答えました。もちろん、私が反対する理由はありません。けれども、オン・オフのない生活で、ストレスがたまらないのだろうかと少し心配になりました。

別に、彼が特別に勉強家だというわけではありません。エリート中国人は勉強が好きなのです。というか、そういう人生を歩んできているのです。

中国人は、子どもの頃から猛勉強して有名大学に行き、エリートをめざします。その勉強量は日本人よりはるかに多いと思います。知識としては、おそらく私の1000倍、あるいは1万倍は蓄積しているのではないでしょうか。そんな彼らとの会話はとても刺激的で、学ぶこともけっこうあります。本当にいろいろなことを知っています。

ただ、足りないのは経験です。知識は豊富でも、経験が圧倒的に少ないんですね。それと、人に対する思いやりとか、相手がどう思っているかといったコミュニケーション能力が低い。自分のやりたいことを優先して、他のことには関心を示しません。仕事や知識としてプラスになること、儲かること以外は、一切やりたくないという感じです。

こういうエリート中国人は、得意分野では予想以上の実力を発揮しますが、専門外の仕事はまったくできなかったりします。そこを指摘しても、「それが、何か？」と言われるだけなので、そういうものだと思って仕事をしてもらうしかないですね。

無難にまとめる日本人、独創的な中国人

私の会社には、日本人スタッフと中国人スタッフの両方がいます。私は社長ですから、みんな部下になるわけですが、日本人と中国人は違うなと思うことがあります。

日本人に仕事を頼むとき、「これ、やって」と頼めば、言われたことをきちんとこなします。「これは何に必要なんですか?」などと聞いてはきません。たぶん、私が間違ったことを言っても、そのとおりにやるんじゃないかと思います。

それに対して、中国人は、その仕事がなぜ必要なのかを説明しないと、仕事をしてくれません。自分が納得できないと仕事をしないのです。そのとき、もし、私が間違ったことを言ったら、「それ、違うんじゃないですか?」とはっきり言います。そして、「このやり方よりも、こっちのほうがいい」と、自分の意見を伝えることもあります。

また、彼らは知識が豊富なだけでなく、自分は仕事ができると自負していますから、できあがったものも独創的です。決して言われたことをそのままやったりはしないのです。私が思いもつかないことを考えついたりします。それには本当にびっくりするし、勉強にもなります。

ただし、そのアイデアが日本企業に採用されるかというと、それは別問題。わりと無難

なものに落ち着くことが多いのです。日本人はリスクを負うのが苦手なんですね。それで、日本的な考え方に落ち着いてしまう。石橋を叩いて渡るような感じですね。

その点、中国人は新しいことをやりたがります。レベルの高いことにチャレンジしたいんですね。それで、最後まで完成しないで終わってしまうこともあるのですが、リスクを負うことに躊躇《ちゅうちょ》しません。そこがおもしろく、頼もしいところでもあります。

第二章　イタイ目にあった日本企業たち

せっかちな中国人は約束が嫌い

日本で仕事をしていると、その正確さに驚くことがあります。電車は時刻通りに駅に着くし、飛行機も悪天候でないかぎり、離発着が遅れることはありません。

それは日本人の行動にも表れています。手帳にはスケジュールがびっしり書かれ、何カ月も前に商談の日取りが決まっています。忙しく飛び回っているビジネスマンなら、それが当たり前。空白の多い手帳など、仕事をしていないも同然です。予定通りに行動し、時間を遵守するのが、社会人としてのマナーなのです。

けれども、日本人の几帳面さが中国ではアダとなることがあります。たとえば、こんな話があります。

日本の商社で働くAさんは、ごく普通の日本人サラリーマン。中国に出張することになり、取引先の中国企業にアポイントを取りました。出発の一カ月前のことです。先方から「わかりました。お待ちしています」と返事が来て、約束の前日に北京に旅立ちました。

ここまでは順調だったのですが、Bさん、先方の会社で立ち往生してしまったのです。

「日本の○○から来たAですが、Bさん、いらっしゃいますか？」

「Bさん？　今日はいません」

「えっ、今日、お約束しているはずですが……」

「そうですか。でも、明日じゃないと戻りません」

「そ、そんな、約束は今日ですよ。明日は日本に戻らないといけないんです。とにかく連絡してください！」

「そう言われても、遠くに行っているので、無理です」

「えー!?　どうしよう、困った！」

Aさんはまだ中国担当になって日が浅く、中国人の気質を知らなかったんですね。これが日本企業なら、約束の日にドタキャンなんてありえません。同僚や上司が大慌てで連絡を取り、平謝りするところです。もう、会社の信用は丸つぶれ。上司から大目玉を食らうところでしょう。

ところが、中国では本人はもとより、周囲にいる社員も平然としています。だれも焦ったりしません。当然、謝罪もなし。彼らの言い分はこうです。

「一カ月も前の約束なんて、覚えていられない。それに、その日にちゃんと来るかどうか、わからないでしょ？」

はっきり言って、中国人とアポイントを取るなら、一週間先が限度です。せっかちな中国人に「一カ月も先のことを約束しろ」というほうが無理な話なのです。

たとえ、一カ月前にアポイントを取ったとしても、約束の日の一週間前に確認の電話を入れ、さらに前日、そして、当日の朝と、少なくとも4回は確認を取る必要があります。

「そんなの、おかしい」と怒ってみても始まりません。中国人相手にいきり立っても、エネルギーのムダというもの。「ドタキャンされずに会えたら、ラッキー！」というぐらいの心づもりでいれば、腹も立ちません。

面談の約束をしていても、他にメリットのある商談があれば、そっちを優先することだってあるのです。いま、中国には各国からオファーが来ています。商談をスムーズに進めたいなら、会う前に契約や提携のメリットを強調しておくことも大切です。そうすれば、乗り気になってくれます。ただし、その場合でも事前の連絡はお忘れなく。

時間をかけた挙げ句に商談決裂⁉

中国人がせっかちだという話はすでに書きましたが、それはビジネスのやり方にも表れています。とにかく、決めるのが早いのです。メリットのある商談なら、すぐにでもまとめようとします。

ところが、日本企業のほうがそれについていけません。なにしろ、最終的な決裁が下りるまでに何段階もの承認が必要ですからね。担当者レベルで「いいね、これでいける」と思っても、その場で決めることはできません。課長に話をしてからでないと次に進めないからです。やっとオーケーが出たと思ったら、今度は部長にお伺いを立てなくてはなりません。そして、ようやく契約成立。もし、案件が大規模なものなら、さらに社長の決裁が必要になります。

担当者が言う「いったん持ち帰らせていただき、社内で検討のうえ、もう一度、お伺いします」という言葉は、中国人には意味不明です。

「持ち帰るって、何を？　どうして、いま、決めないわけ？」

こうして、ほとんどの日本企業は最終決裁が下りるまでに、何度も行ったり来たりを繰り返し、それで時間がとられてしまいます。けれども、そんなことをしていると、いつの間にか状況が変わり、相手企業の気が変わるということもあります。

実際、数カ月かけて、やっと契約がまとまりそうになったとたん、別の外資系企業がアプローチしてきて、そっちに乗り移られたということもあります。すぐに契約していれば、メリットの大きい取り引きになっていたのに、「後悔、先に立たず」です。

中国では、最終決裁までに何人もの人間が介在することはありません。最初から決裁できる責任者が現れて、商談を進めていきます。日本企業のようにじっくり検討するということがないかわり、スピードは勝っています。

また、商談が長引いて日数が経《た》つうちに契約の内容が変わっていくことがありますが、ある日本企業が最終段階で契約金を高く支払おうとしたことがありました。

すると、中国側の担当者が「どうして、いまさら金額を変えるんだ！」と怒ったというのです。日本企業にしてみれば、金額がアップするのだから喜ぶだろうと思ったのに、予想外の反応で、面食らったようです。

2年間も交渉に時間を費し、最終的に高い金額で契約が結ばれるとなると、自分の面子《メンツ》がつぶれるというのです。中国は何事もスピード勝負。中国人には「一発でGOサイン」がいいようです。

香港人と結婚したつもりが、チリ人だった!?

新華ファイナンスジャパンは、日本企業と中国企業のコンサルティング事業を行っていますが、その一環として相手企業の調査もしています。その案件のなかで、「えーっ、ウソでしょ!?」というようなことがあったので、紹介しましょう。

ある日本企業から「香港の会社と提携し、中国に合弁会社をつくったのだが、その運営実態が不透明だから、合弁会社を解消して別の会社と組みたい」と、うちに相談があったのです。ただし、同じ業種で合弁会社を解消して違う会社をつくる場合、すぐに認可が下りないことがあるので、まずはその合弁会社を調べようということになり、調査に入りました。

すると、合弁会社は香港の会社とつくったはずだったのに、なんと相手はチリの会社だったのです。つまり、結果的にチリ資本の会社と手を組んで設立されていたのです。どういうワケで、そうなってしまったのか、わかりませんが、香港の会社の言うことを鵜呑《うの》みにして、出資金を出した日本企業はマヌケとしかいいようがありません。

そもそも、合弁会社をつくってから調べるというのが、本末転倒です。最初に相手の会社を調べるべきでしょう。「おかしい」と気づいてから調べても、後の祭りです。

日本人は性善説で人を信じすぎます。細かい書類のやりとりは重視しても、大きなところでミスをしたりします。もちろん、相手の会社もひどいとは思いますが、まんまと騙される日本企業にも反省の余地がありますね。

事前に調べれば、ホンの数万円で済んだものが、何億円と損をしてしまったのですから。それに、合弁会社が本当に中国にできているかどうか、一度も見に行っていないというのも信じられません。

香港人と結婚したつもりが、いつの間にか、チリ人にすり替わっていたようなものです。結婚を焦りすぎると、詐欺にあってしまうという典型ですね。

取引相手の評判はライバル会社に聞け!

私たちの会社は、日本企業と中国企業の仲介をするのが仕事ですが、お目当ての中国企業の内情を知りたいときに役立つとっておきの方法があります。

それは、ライバル社に「あの会社って景気よさそうだけど、本当のところはどう？」と探りを入れること。つまり、意図的に悪口を引き出すのです。そうすると、出るわ、出るわ。これでもか、というくらいウラの情報を手に入れることができます。

日本企業の場合は、それほど露骨にライバル社の悪口を言ったり、ウラ情報を漏らしたりはしません。まあ、全然ないとは言えませんが、よほど親しくならないと、他企業の情報をペラペラと話すことはないでしょう。「あとで話したことがバレたら、まずい」という抑制もきくし、企業モラルに反するという意識もあるからです。

けれども、中国企業の場合、それはありません。「自分が一番えらい」と思っていますから、相手のことをぼろくそにけなします。多少、オーバー気味に話すことはあっても、そのなかには真実があります。聞く価値はあるでしょう。

実際、こんなことがありました。

日本企業と提携する中国企業が見つかり、中国の広告代理店を探したときのこと。候補をいくつかリストアップして、それぞれの会社に相談に行き、ライバル社の評判を聞いてみたのです。そしたら、こちらが知りたい情報をバッチリ聞き出せました。

「あそこの会社の社長は金遣いが荒くて、使途不明金が多い」

「会社のお金を私的に流用している」

「知り合いが働いているけど、人間関係がすごく悪い」

「見かけの売り上げと実際は全然違う」

「クライアントは思ったほど多くない」

……等々。リストアップした広告代理店すべての情報を手に入れることができ、それぞれを比較検討して、最終的に1社に絞り込むことができました。

このように、取引先の中国企業の情報を知りたいときは、ライバル社への聞き込みでおおよそのことは把握できます。100％鵜呑みにはできないものの、利用しない手はないと思います。

飲み食いで2億5000万円が消えた!?

新華ファイナンスジャパンには、いろいろな相談がきますが、いまだに解決していないものもあります。トラブルが発生してからだと解決の道がなく、どうすることもできないのです。

これは、環境対策の事業を行っている企業の話です。重慶にあるパートナー企業に初期費用として5億円を投資したら、何も始まっていないのに2億5000万円がなくなったというのです。何に使ったかといえば、接待と飲み食い。それで、「お金が足りなくなったから、さらに2億5000万円を出してほしい」と言われたそうです。

いつの間にか、お金がなくなっていたという話はよく聞きますが、2億5000万ものお金を飲み食いに使うなんて、いったい何を食べたのでしょうね。しかも、これだけの金額になると、会計処理もむずかしくなります。接待交際費に計上するわけにもいかないでしょうからね。

いったい、どうすべきか。そのとき出した結論は、その事業に関してだけ一時ストップするというものでした。その後、他の事業は進んでいますが、そのプロジェクトに関しては、いまだにストップしたままです。日本企業としても、2億5000万円ものお金をつぎ込んだ以上、やめるというワケにもいかないのでしょう。

実は、この重慶という土地柄に問題があるのです。ここで事業に成功したというケースを私は知りません。何かしらトラブルに遭遇しています。

中国西南地区にある四川省の省都は成都ですが、重慶は1997年に中央政府の直轄市となっています。GDPだけ見ると成都より高く、ビジネスに打ってつけの場所のように思えます。ところが、重慶の人には独特の気質があるのです。締まり屋が多いというか、極力、自分のお金は使わないという人が圧倒的なのです。

日本でいうと、名古屋や京都といったところでしょうか。独特の雰囲気があり、よそ者が入っていって、すぐに成功するような土地柄ではないのです。むしろ、成都のほうがGDPは低くてもビジネスはやりやすいと思います。中国は広い分、そこに暮らす人々の気質はバラバラです。事前の下調べは絶対、必要だと思いますね。

それと、パートナー企業に任せっきりは失敗のもとです。ビジネスをするなら、現地に飛んで自分の目で確かめ、進捗状況をしっかり把握することですね。トラブルが発生してから慌てふためいても、取り返しがつきません。

日本人は相手を信じやすいのか、一度、契約してしまうと、お任せ状態の企業が多いように思います。あとで文句を言っても、覆水盆に返らず。自業自得というものでしょう。

羽振りのいい中国人にはウラがある

いま、経済成長著しい中国では、エリート中国人の給料がどんどん上がっています。外資系企業の技術系や財務系などの専門職だと、年収1000万円弱はもらっているでしょうか。現地法人の社長クラスだと年収2700万円ぐらい、成功した起業家などは1億円以上の収入があると思います。

日本でも1億円以上の年収があれば、超お金持ちでしょうが、中国ではその数が日本の20倍ぐらいになると聞いたことがあります。それだけ中国の景気がいいということなんですね。そうはいっても、人口が13億人もいる国ですから、貧富の差は日本の比ではありません。金融や不動産関係で大儲けする人がいる一方、その日の暮らしに事欠く人もいます。

ちなみに、大卒の初任給は上海で約4万円です。日本人の大卒初任給の平均が20万円ぐらいだとすると、およそ5分の1の計算になります。物価が安いので、暮らしていく分には困りませんが、上海や北京でマンションを買おうとすると、東京と同じように3000万〜4000万円もするので、庶民にとっては高嶺の花です。

ところが、ごく普通の会社員なのにマンションを持っている中国人がいるのです。私の知り合いで北京に住んでいる中国人は、給料が月15万円くらいなのにマンションを2つも持っています。夫婦共働きでローンを払っているのですが、どうやってやりくりしているのでしょうか。不思議です。

あるいは、政府の職員が豪邸に住んで、子どもを海外留学させたりしています。彼らの給料は月に4万～5万円ほどで高給取りとはいえません。それなのに、なぜか、お金を持っているのです。

こんな話は珍しくありません。実は、これにはカラクリがあるのです。

たとえば、航空券を買うとします。すると、総務の担当者から「旅行会社のA社で買ってください。必ずですよ」と念を押されるのです。

「え？　でも、B社のほうが安いけど……」

「とにかく、うちはA社と決まっているので、そのとおりにしてください」

「……そう、わかった」

こんなふうに、担当者がA社をごり押しするのにはワケがあります。A社から手数料をもらっているのです。いわゆる袖の下というやつです。

担当者にとって航空券代は会社経費ですから、安かろうが高かろうが関係ありません。手っ取り早くお金を得られる方法があれば、それを実行するのみ。そうやって、お金を稼いで（?）いるわけです。

この手の話は枚挙に暇《いとま》がありません。日本では考えられないことですが、珍しいことではないのです。子どもにお使いを頼んで、お駄賃に100円をあげるような感覚といったらいいのでしょうか。お金を出すほうももらうほうも、ビジネスには付きものと割り切っています。だから、あまり罪悪感も持っていません。

個人レベルで、各部署の担当者がこうした袖の下をもらっているのです。とくに仕入れ担当者や購買担当者など、お金が流れる部署にいる担当者にとっては、やりたい放題。立場を利用してサイドビジネスに血道を上げます。

たとえば、A社からD社に機械を納入するとき、なぜかB社とC社を経由するようになっていたりします。担当者に聞いても、要領を得ません。要するに、いくつかの会社を仲介することで賄賂を受け取っているのです。

あるいは、堂々と「賄賂、よこさないと取り引きしないぞ」と脅す人もいます。なかには、「えっ、3000万円の取り引きなのに、たったの30万円？」と、賄賂の額に文句をつける人もいるそうです。

中国企業と取り引きをしたくて、お金を包むなら、それなりの金額を用意しないと意味がありません。少ない額しか用意できないなら、やらないほうがマシ。どうせあげるのなら、相手が喜ぶような金額にすべきでしょう。少ない金額だと「これっぽっちか」と逆恨みされて、次の契約に響いてしまいます。

もし、中国の企業と取り引きをして、見積もり以上のお金がグルグルと回るようになったら、どこかで誰かのポケットに入っていると考えていいでしょう。

デパートが撤退した本当の理由とは

いま、13億人という大規模な市場を見込んで、多くの日本企業が中国への進出に動いています。けれども、中国は日本人の常識が通用しないところです。

その一例として、破竹の勢いで海外進出したデパートの信じられない話があります。もう何年も前、中国が好景気に沸く前に進出したものの、うまくいかずに撤退し、その後、負債を抱えて経営破綻《はたん》しました。

中国撤退の原因についてはいろいろ取りざたされましたが、うわさでは従業員の万引きがすごかったと聞いています。たかが万引きと思うでしょうが、その数がハンパではないのです。20トントラック一台分の商品を盗んだといいますから、万引きというより略奪というべきでしょうか。あるいは、一人ふたりではなく、従業員の大半がこっそり万引きしていたのかもしれません。そうなると、こっそりとはいえないですけれどね。それでも、従業員一人ひとりが毎日何かを万引きしていたら、売り上げより被害額のほうが大きくなってしまいます。経営に響くことは必至です。

さすがに、現在は従業員への教育や管理、警備が厳しくなってきているので、万引きの被害は少なくなっていると思いますが、従業員のモラルひとつにしても日本とは大きな差があるといっていいでしょう。

このデパートと似たようなケースは、他にもいろいろあります。5000万円単位で現金が消えちゃったとか、何億円もの出資金がいつの間にかなくなっていたとか、そんな話がゴロゴロしています。さすがに、そんなことを大っぴらには言えませんから、日本では話題になりませんが、実はけっこうあるのです。

しかも、誰か一人が横領したというより、前述したように各部署で従業員がお金を抜いている可能性もあるので、そうなると原因追及も大変です。どこで水漏れしているのかわからなければ、修理のしようもありません。結局、お金も取り戻せず、泣き寝入りすることになります。

そうならないためには、人心掌握をしっかりすることです。各部署のマネージャーにノルマを与えて、それを達成したらボーナスを支給するといったことですね。現金じゃなくても、音響機器とか家電製品とかをプレゼントするのでもいい。そういうアメをいっぱい用意すれば、しっかり仕事をしてくれます。

とくに、ボーナスが出る旧正月の2月は、会社を辞める人が多いので、要注意。旧正月明けに小ボーナスをあげるとか、親睦会を開いて飲み食いさせるとか、何かアメとなるものを用意する。何もあげないと「この会社、ケチだな」と思われて、すぐに辞めるか、いつの間にかお金が消えていた、なんてことになってしまいます。

中国は人件費が安いけれども、こういう福利厚生費というか、特別手当にお金がかかるということを頭に入れておく必要があります。そうしないと、使途不明金が増えて、最後には撤退することになりかねません。事実、そういう日本企業って意外と多いのです。

「東北のトラ」には要注意

日本人は騙されやすい国民なのか、トラブルの相談が多いですね。騙すほうも悪いですが、騙されるほうもどうかと思います。合弁会社をつくったのに、一度も現地に行ったことがないというケースには頭をかしげてしまいます。婚姻届は出したけど、相手の顔を知らないようなものです。「騙された！」と訴える前に、やるべきことがあるはずです。

ある日本企業の場合、中国に合弁会社をつくって、毎年、利益を送金してもらっていたのですが、あるとき、先方から「これから景気が悪くなるから、この会社を買い取りたい。ついては出資金をお返しします。日本には簡単に送金できないので、お金は中国にいる通訳者の口座に振り込みます」と連絡があったのです。

中国にいる通訳者の口座に入金されても、日本に持ち出すことができません。それで、慌てて「どうしよう」と、あちこちのコンサル会社に相談したというわけです。けれども、いまだに解決していないようです。ちなみに、この日本企業も、一度も合弁会社を見に行っていません。

なかには「こういう儲け話がありますよ。ひとつ、話に乗りませんか？」という口車に乗せられて、相手をろくに調べもしないで出資した日本企業もあります。

また、調査依頼を受けた案件で、現地の住所に行ってみたら、ただの駐車場だったというケースもあります。この日本企業も相手の言うままにお金だけ出して、現地に足を運んだことがなかったんですね。これじゃあ、「騙してください」と言っているようなものです。

あるいは、「売掛金の回収ができないから、なんとかしてくれないか」という相談もあります。相手先と交渉すると、中国側にも言い分があって「こういう不備があったから、お金は出せない」と言ってきたりします。こうなると、たとえ契約書にサインがしてあっても、「払えないものは、払えない」の一点張り。

話がこじれたら、弁護士を使って裁判を起こすしかありませんが、訴訟に勝っても払ってもらえるかどうかわかりません。裁判費用のことを考えると、泣き寝入りするケースも出てきます。また、裁判を起こすとなると弁護士が必要です。けれども、北京や上海なら弁護士は大勢いますが、地方には日本語ができて優秀な弁護士は滅多にいません。そういうことを考えると、あきらめるほうが得策という場合もあります。

とくにトラブルが多いのは、中国の黒竜江省や吉林省、遼寧省などの東北地方です。中国では、この地域のことを「東北のトラ」と表現することがあるのですが、それは「東北人は凶暴だ」という意味になります。表面上は優しくて情も深いのですが、感情的にこじれると豹変してしまうことがあるのです。そのせいか、悲惨な殺人事件や巨額の贈収賄事件なども、この地域が多いですね。

それと、東北地方は北京や上海と違って外国との接触が少ないので、ビジネスに慣れていないというか、ちょっとした言葉のやりとりや感情的なすれ違いでトラブルになったりします。

いずれにしても、中国に進出する日本企業は、事前にちゃんと相手企業の調査をすべきです。それでもトラブルに遭遇したら、次のステップへの授業料だと思って諦めるしかありません。

第三章　中国で日本人が100%驚く出来事

真似して作って何が悪い!?

偽ブランド、CDやDVDの海賊版など、ニセモノ大国としても有名な中国。真似されたほうは迷惑千万かもしれませんが、店先で見かけるコピー商品は、「なんだ、これ!?」と、噴き出したくなるようなものが数多くあります。

思わず、笑ってしまったのが、「六甲の水」(正確には「六甲のおいしい水」)ならぬ「六本木の水」。ごていねいに、ラベルまで「六甲の水」そっくりに似せてあります。「六」つながりで「六本木」にしたのか、製造元の意図はわかりませんが、「六本木の水」だなんて、いかにもまずそうじゃないですか。きっと、六本木がどういうところか知らないのでしょうね。

時計の「Gショック」に至っては、「Aショック」から「Zショック」まで、続々登場しています。確か、一個150円ぐらいだったと思いますが、単純にアルファベットを変えただけ、というのが笑えます。

また、スポーツシューズの「PUMA」が「KUMA」になっていたかと思えば、「リーボック」が「エアロボック」になっているなど、キリがありません。本当によく真似されています。

すごく驚いたのが、北京の遊園地に行ったときのこと。ミッキー、ドラえもん、キティちゃんの着ぐるみたちが、総動員で出迎えてくれたのです。けれども、なんだか微妙にデザインが違います。よく見ると、ドラえもんのヒゲが垂れ下がっていて、娘が「ドラえもんのおじいさんみたい」と評していました。言われてみれば、そんな感じです。

中国ほど露骨にコピー商品を作る国はないかもしれませんが、売れているモノを真似して作ろうと思うのは、自然なことじゃないでしょうか。日本だって、戦後、アメリカの自動車や電化製品を真似ることから、工業化が始まったわけですからね。

新華ファイナンスジャパンがビジネスを始めたときも、日本の既存の商品や技術を見本にして、よりよいものを作ってきました。たとえば、ポータルサイト。すでにあるポータルサイトのしくみを研究し、それに手を加えてオリジナルなものを構築しています。さすがに、そっくりそのまま真似たりはしていません。会社の信用に関わることですからね。

いまの中国には、ビジネスにするためのサンプルが必要なのです。すでに商品化されているサンプルに少しだけ手を加えて、手っ取り早く儲けようと考えています。真似される商品というのは、それだけ人気があり、性能が良いという証拠なのです。

また、中国の商人には「真似ることが悪いことだ」という意識がありません。罪悪感がないから、どんどん作ります。きっと、文句を言っても、「どうして、真似ちゃいけないの？」と問い返されるだけでしょう。

しかも、こうして真似しながら、確実に技術力をアップさせています。たとえば、ホンダ（HONDA）のバイク。「HONGDA」「HUNDA」などのコピーバイクが出回り、ホンダのシェアを急降下させたことがあります。中国国内だけではなく、ベトナムなどのアジア圏にも中国製バイクが進出し、ホンダは痛手を被《こうむ》りました。

性能はホンダに比べるべくもありませんが、とにかく安いのです。ホンモノの半値ぐらいでしょうか。これでは、庶民の手がコピーバイクに伸びるのもしかたがありません。

こうした状況に、ホンダは法的措置をとって対抗しました。「中国はコピー商品ばかり作って、困った国だ」と嘆く前に、ホンダのように弁護士を立てて法的な対抗策を講じるのが賢明でしょう。

終業時間前にできる長蛇の列

以前、仕事で重慶に行ったとき、びっくりするような光景を見たことがあります。ある国有企業の工場の門のところにものすごい人だかりがしていたので、案内の人に「あれはなんですか？」と聞いたら、「終業時間の5時に帰るために、いまから並んでいるんですよ」と言うのです。

そのとき腕時計を見たら、まだ日も高い午後3時半。私が唖然としていると、案内の人が「あまりにも人数が多すぎて、早めに並ばないと5時に門の外に出られないんです」とのこと。それにしても、1時間半も前から並ぶとは！　開いた口がふさがらないとはこのことです。本当に驚きました。

もちろん、国有企業のすべてがこんな調子だというわけではありませんが、私有企業に比べたら生産性の面で見劣りするのは確かです。

また、中国の工業団地に行くと、10万人以上の社員を抱える企業も珍しくなく、一つの街を形成しています。そこには社宅や幼稚園、商店街や病院などもそろっていて、一歩も外に出る必要がありません。

けれども、大規模な国有企業は倒産することがないかわりに、働いても働かなくても給料は変わりません。それで、ずっと新聞を読んでいるだけという人もいます。確かに賃金に差がなければ、労働意欲はわかないかもしれませんね。

いま、中国は国有企業から私有企業へと変わりつつあるところですが、もし中国の企業と手を組むなら、組織の大きさではなく、その中身をきちんと見るべきです。こんな効率の悪いところと提携したら、とんでもないことになります。まあ、国有企業は、どこの国でも似たり寄ったりでしょうけれどね。

中国のホテルマンには要注意

中国には仕事で何度も行っていますが、ホテルマンとしての規律というか、仕事に対する責任感はまだまだだと実感します。

たとえば、チェックアウトするとき、注意しないと、使ってもいない領収書を出されて請求されたりします。私が泊まった上海のホテルでも、3月に行ったのに、12月とか1月の日付のレシートを添付して請求してきたことがありました。そんなことありえないですよね。

「こんなの、使っていませんけど、このレシートは何？」

「え？ 中国語、話せるの？（まずい）」

「ちょっと、どういうことですか？ 上の人を呼んでください！」

「あー、えーと、間違えました」

間違えたのではありません。明らかに差額をネコババしようとしていました。私が中国語で話したので、ダメだと観念しただけです。

相手が外国人だと、中国語が読めないから大丈夫だろうと、こういう手を使います。とくに、日本人は「あれ？」と思っても、言いなりになってしまうところがあるので、いいカモなのです。中国語がわからなくても、日付の数字はわかりますから、ちゃんと抗議しましょう。そのときは日本語でかまいません。怒っていることが伝われば、相手も断念します。決して、泣き寝入りしないようにしましょう。

また、東北地方にある五つ星ホテルにチェックインしようとしたときに、とんでもない光景を目撃したこともあります。客が大勢いるロビーで、ホテルのマネージャーがベルボーイとケンカしていたのです。もう、殴り合いのケンカです。フロントのそばで大立ち回りをしていたので、怖くてチェックインの手続きもできませんでした。

日本だったら、ホテルマン同士が、しかもマネージャーが部下を殴るなんてありえません。ケンカを止めるべき立場のマネージャーがケンカしているのですから、どうしようもありません。お客さんも「困ったな」という顔をしながら、成り行きを見守っています。しかたなく、私もケンカが終わるまで待つしかありませんでした。

さらに、おまけの話があって、その後、レストランに行ったら、従業員同士でケンカが始まってしまったのです。厨房の奥で言い争うならまだしも、お客さんの目に見えるところでワーワー怒鳴りあっています。

「このホテルはいったい、どうなってるの？」と、あたりを見回すと、オーダーを取るべきウエイターやウエイトレスが見あたりません。みんな、ケンカを見に行っているのです。仲裁に行ったというよりは、ただのヤジ馬です。ここでも私は待ちぼうけを食わされ、ケンカが終わるのを待つしかありませんでした。

重慶の空港で、チケットを買おうと窓口に行ったときのことです。何やら人だかりがしています。ざっと見たところ、200人はいるでしょうか。いったい何が起きたのかと窓口のほうを見たら、チケットを売るはずの女性が、鏡を見ながら顔をいじっているのです。よ～く見ると、眉毛を一本一本抜いているではないですか！

「お嬢さん、お願い、チケットを売って！」

列をなしているお客さんが声をからして叫んでも、彼女の動きに変化なし。チケットがなければ、飛行機に乗れないのですから、こちらとしては大問題です。けれども、その女性には眉毛を抜くほうが大問題だったのでしょう。どんなにお客さんが悲痛な叫び声を上げても無視。結局、ひとしきり眉毛を抜くまで、チケットを売ろうとはしませんでした。

中国人の女性は、眉毛の入れ墨をしている人が多いのですが、きっと、その入れ墨から眉毛がはみ出しているのが気になったのでしょうね。仕事をするより、そっちのほうが重要だったというわけです。

まじめに仕事をしない彼女にも驚きましたが、200人もの人を前にして堂々と眉毛を抜ける度胸にも驚きました。400の目が怒りのまなざしで見ているなか、堂々と毛抜きをするんですからね。ある意味、賞賛に値するかもしれません。私だったら、お金をもらっても、とてもできそうにありません。

それに比べたら、日本の若い女の子が電車のなかでお化粧するなど、かわいいものです。きっと、中国人が見ても、何も感じないと思います。なにしろ、中国では地下鉄のなかで、ごく普通に朝ご飯を食べますからね。一度、電車のなかでの飲食を禁止する法律を作ろうとする動きがあったのですが、「朝ご飯を食べる場所がなくなるから困る」という声に圧倒されて、却下されました。中国人で朝食を家で食べる人って、少ないと思います。立ち食いも当たり前。中国では子どもから大人まで、文字通り、外食派が多いのです。

ちなみに、上海空港の窓口で毛抜きするようなスタッフはいません。上海は国際都市ですからね。経済成長著しい大都市と地方はまったく違います。人々の仕事に対する意識も違うだろうし、おそらく人事管理も徹底していると思います。スタッフにそんな人間がいたら、マネージャーのボーナスが減らされてしまいます。

自分の給料に関わることなら、中国人もちゃんと仕事はするのです。

国内線での出来事に唖然、呆然

中国の飛行機に乗ると、おもしろい光景に出くわします。いずれも国際線ではなく、国内線での出来事です。いかにも中国人らしいエピソードなので、いくつか紹介します。

私が搭乗券を持って飛行機に乗り込み、自分の席を探して座ろうとしたときのこと。そこに、知らないだれかが座っていたのです。

「あのう、その席、私のですけど」

「え？　私、窓際がいいの、別の席に座ってよ！」

周りを見ると、みんな適当に空いている席に座っています。まるでイス取りゲームのようです。ボーッとしていると、あっという間に席が埋まってしまいます。座席表はあってなきがごとし。決まった席に座ろうとする人など、皆無です。

「あっちに行け！」「こっちが先だ！」

中国語が飛び交い、ワイワイガヤガヤ。どうしても座りたい席があるときは、交渉するしかありません。そう、交渉するのです。中国人は交渉術に長《た》けているので、席を勝ち取るのは至難の業《わざ》ですが、やってみる価値はあります。

「私はここに座るから、あんたはあっちに座りなよ」

こうして、ひとしきりの騒動のあと、ようやく乗客が座席に座り、飛行機が離陸するのです。

また、四川航空に搭乗したときには、乗客が客室乗務員めがけて突進するのを目の当たりにしました。

何事かと振り返ると、ちょうど客室乗務員が機内食を運んでくるところでした。みんな、口々に「機内食、くれ！」と叫んでいます。もちろん、手も出しています。そうなのです。

機内食をもらうために、ダーッと走っているのです。飛行機のなかを……。

「中国の飛行機の機内食は、先着順で配るわけ？」

そう思いたくなるような光景ですが、そんなことはありません。機内食が足りないのではないかと疑っている中国人が大勢いるのです。

「なくなったら、困るだろう？　だから、走るのさ」

これが、彼らの言い分です。ごもっとも。なくなったら困りますもんね。とくに地方に行くと、そんな光景を目にします。

さらに、飛行機が目的地に近づくと、またまた驚くような光景に出会います。

「まもなく○○に到着いたします。ベルト着用のサインが消えるまで、そのままでお待ちください」

そうアナウンスされると、まだ着陸してもいないうちから一斉に立ち上がるのです。客室乗務員が「着陸するまで座っていてください」と言っても、だれも聞いている人はいません。勝手に荷物を棚から下ろして、飛行機の出口に殺到します。

中国人のせっかちなことには慣れっこの私でしたが、これには驚きました。まるで、地上を走る電車に乗っているような光景です。

パイロットの腕がいいのか、いまのところ、着陸で大きくバウンドするような体験をしたことはありませんが、そんなことになったら、将棋倒しになるのは必至です。日本人なら、そこまで考えて行動しますが、中国人は「いま、この瞬間」が大事なのです。本当に大胆不敵な国民だと思います。

黒いサングラスの集団の正体

いまは経費節減で、中国の航空会社も飲み物ぐらいしか出さなくなっていますが、以前はいろいろなプレゼントを配っていました。お菓子や櫛《くし》、帽子などが配られていたのです。

そんな頃、中国国内を飛行機で移動した私は、客室乗務員からサングラスをもらいました。「子どもにでもあげるか」と、すぐバッグにしまい、雑誌などを読んで、ふと顔を上げたとき、異様な光景が目に飛び込んできたのです。どういうわけか、周りの中国人がみんな黒いサングラスをかけていたのです。飛行機のなかで、ですよ。

「何、どうしたの、みんな？」

不気味なサングラスの集団に一瞬ひるんだものの、なんのことはない。みんな、さっき配られたサングラスをかけていたのです。もらったモノは試してみないと気が済まないのでしょうか。まるで子どもみたいです。

そんな中国人なので、帽子をもらえば、全員が帽子をかぶって飛行機を降りてきます。別に同じツアーの集団というわけではありません。お互い見知らぬ者同士なのに、同じ行動をするのです。それを「おかしい」と思わないところが、おかしいですよね。

また、中国人には新しいモノ好きの一面もあります。

私は日本に来た中国人をよく接待しますが、お土産を買うときに「これ、発売されたばかりですよ」とか「これは、ここでしか売っていませんよ」と言うと、ほとんどの人が飛びつくのです。

たとえば、シャネルの化粧品などは香港で買ったほうが安いのに、「これ、発売されたばかりらしいですよ」とささやくと、絶対、買います。とにかく新しいモノ、珍しいモノが好きなんですね。それを持ち帰って、中国で自慢するのでしょう。

もし、中国人に何かお土産を持っていくなら、ひと言、「これ、日本では珍しいものなんです」「〇〇デパートでしか売っていないんですよ」などと添えると、効果バツグン。ものすごく喜ばれます。試しにやってみてください。

空港で見かける女の子たちのおねだり

仕事で上海空港に降り立つたびに見かける光景があります。それは、女の子たちが男性にべったりくっついて、甘えている様子です。そして、日本に帰国する駐在員と思われる男性に「マンション、買って〜。お願い、マンション買ってよ！」と言っているのです。中国人の話す声はかなり大きいですから、丸聞こえです。

日本人の駐在員はたいてい単身で中国に来ていますから、さびしさを紛らわすためにカラオケとかスナックに行くんでしょうね。そこで知り合った女の子と恋愛関係になり、なかには同棲する人もいます。

そういう女の子たちが日本に帰国する駐在員に、マンションおねだり攻撃をするのです。女の子といっても、20代くらいだと思いますが、彼女たちにとって上海でマンションを持つというのは、自分をグレードアップさせる最短の方法なのです。

上海生まれの女性が、日本人男性に「マンション、買って」などと言うはずはありませんから、おそらく地方出身者でしょう。中国では戸籍制度の規制が厳しく、農村に生まれた人が都市戸籍を持つためには、その地域にあるマンションを買うしか手がないのです。

地方出身者が都会で病気になったら、田舎に帰って治療を受けるしかありませんが、都市戸籍を持つことができれば、医療保険で治療を受けることもできます。子どもが生まれたら、都会の学校に行かせることもできます。

同じ中国人でも、都会に生まれた人とそうでない人には、理不尽とも言える大きな格差があります。少しずつ是正されてきてはいますが、まだ時間がかかりそうです。

そういう状況ですから、地方出身の女性たちにとって日本人男性と付き合うことは、ワンランク上の生活を得るためのビッグチャンスなのです。そりゃあ、もう、必死です。

「私がちゃんと管理するから。お願い！」

「不動産の値段が上がっているから、いま買ったら儲かるよ！」

「マンションを買って、誰かに貸せばいいでしょ〜。お金になるよ〜！」

おねだりされている日本人はというと、一様に困った顔をして「イエス」とも「ノー」とも言いません。はっきりすればいいのに、日本人の困ったところです。

いま上海のマンションは値上がりしていますから、日本と同じくらいの値段でしょう。いくら日本人の給料が高いといっても、おねだりされて「ハイ、どうぞ」と買えるものではありません。

それに、はっきり言って中国のマンションは質がよくありません。壁も薄いし、エアコンをかけても効きが悪い。スケルトン渡しなので、壁紙などの内装は自分持ちでやる必要があります。おまけに、土地付きではありません。借地権だけです。どうせ買うなら、日本のマンションのほうが断然いいと思います。

こうした空港での光景は、とくに上海が多いようです。他の地域でも見かけることはありますが、日本人駐在員が一番多いのが上海ですから。もし、空港で女の子たちがワーワー言っていたら、それは「マンションおねだり攻撃」だと思って間違いないでしょう。

24時間営業の看板に偽りあり

重慶空港には、世にも不思議なレストランがあります。

飛行機から降りて、「軽食でも食べようかな」と思ったとき、目に入ったのが、「24時間営業」という看板でした。派手な電光掲示板がチカチカと光り、いかにもお客さまを待ちかねているという風情です。

いざ、入ろうとすると、ウエイターがやってきて「あー、いま、やっていません」と言うのです。

「どうして？　24時間営業なんでしょ？」

「あー、材料がなくて」

「は〜？　材料がない？（本当か？）」

「とにかく、やっていません」

開いた口がふさがらないとは、このことです。しかも、一度だけなら、そういうこともあるだろうと諦めますが、5回行って5回とも営業していなかったのです。そんな偶然があるでしょうか。

「24時間営業」じゃなくて、「24時間開店休業中」の間違いじゃないの？　そう思いたくなります。営業していないなら、電光掲示板のスイッチは切ってほしいものです。なんのために店員がいるのか、さっぱりわかりません。ブラブラしているだけで、仕事をしている様子もないのです。まったくもって不思議なレストランです。

また、重慶空港は名古屋やタイからの直行便もある国際空港なのに、午後3時以降になると、両替することができません。銀行の窓口が午前9時から午後3時までしか開いていないのです。利用客の利便性など、まったくおかまいなし。

しかたなく、そのへんにいる人をつかまえては、「すみません、両替してもらえませんか?」と頼みまくるハメに。なかには「ドルならいいけど、日本円じゃダメ」と言う人もいて、本当に困りました。人民元がなければ、ジュース1本、買えないのですからね。両替してもらえなかったら、どうしようかと思いました。

上海や北京ではこんなことはありませんが、地方の空港を利用するときは気をつけたほうがいいですね。日本で両替していったほうが安全です。土日をはさんだら、もう、アウトです。

開かずのトイレに冷や汗がたら〜り

国が違えば習慣が異なり、戸惑うことも多くなります。これは、私が実際に体験した、冷や汗が出る話です。

中国国内を移動するため、特急列車に乗ったときのこと。乗る直前にトイレに行こうと思ったのですが、時間がなく、「乗ってからでいいや」と悠々と列車に乗り込み、発車してからトイレに向かいました。

トイレの前まで行き、ドアを開けようと思ったら、全然、開かないのです。

「あれ、なんで？　おかしいな」

しかたなく、別の車両に移動しました。ところが、ここのトイレも開かないのです。まさにトイレの呪い。すべてのトイレが私を拒否したのです。いや、オーバーでなく、そう思いました。もう、冷や汗が全身を流れています。

「あー、ダメ。もう、限界！」

その後、私がどうしたかはご想像にお任せしますが、中国の特急列車に乗るときにはトイレを済ませてから乗り込むことをオススメします。

なぜなら、特急列車のトイレは、駅を出発した後、しばらくの間、カギがかかっているからです。別に、乗務員が嫌がらせをしているわけではありません。切符を買わずに列車に乗り込み、トイレに隠れて検札をやり過ごす人が多いのです。つまり、キセルですね。それで、一定時間、トイレを遮断するというわけです。

私はトイレが近いほうなので、これには本当に困ってしまいます。中国に行く予定のある人は、頭に入れておいてください。列車に乗ってからでは「時すでに遅し」ですからね。

トイレに見る日中の羞恥心の違い

日本では、たまに飲食店などのトイレが男女兼用になっていることがあります。すると、中国人はすごく驚いて、「どうしてトイレが一緒なの!?　信じられない！」と言います。男女兼用のトイレといっても、入るときは一人ずつなのだから、いいじゃないですか。

私から言わせれば、トイレにドアがない中国のほうがよっぽど信じられません。上海などの都会では、トイレにドアをつけるのが当たり前になってきていますが、田舎に行くと、いまだにドアがありません。ただ穴が掘ってあるだけです。そして、人が待っているほうに顔を向けて用を足します。

そう、顔と顔を合わせる形になるのです。もう、恥ずかしいのなんのって。目があったりするんですよ。知り合いとトイレに入ったときのバツの悪いことといったらありません。この状態がどうして恥ずかしくないのか、私は理解に苦しみますが、中国人はまったく平気なのです。

トイレにドアがなくても平気なのに、銭湯や温泉は苦手だという中国人もいます。知らない人同士で、裸の付き合いをするのが理解不能なようです。男性はそうでもありませんが、女性はダメな人が多いですね。

そもそも中国では湯船に体をつけるという習慣がないので、そのせいかもしれません。シャワーで体を流すのが一般的なのです。

文化・習慣が違うと、「恥ずかしい」と感じる状況も大きく異なるということですね。

バスでオシッコさせる肝っ玉母さん

ときどきテレビのトーク番組でお笑い芸人が「車のなかで、オシッコ、我慢できなくてペットボトルにやっちゃったんですよ」などと話して、居並ぶゲストたちに「エーッ」と驚かれたりしていますが、中国ではそんなの珍しくもなんともありません。

私が用事で中国に行き、田舎のバスに乗っていたときのことです。ちょうど真ん中あたりに座っていたら、床の上を水が流れてきたのです。「あれ？　なんだろう」と思って、後ろの席を見たら、赤ちゃんを連れた女性が、バスのなかでオシッコをさせていたのです。赤ちゃんも気持ちよさそうにしています。

「エーッ。マジ!?」と思って、あたりを見回しましたが、だれも気にする様子がありません。近くに座っていた人が、足をひっこめていたくらいです。どうも、それが習慣になっているようなのです。

さすがに北京や上海などの都会では見られませんが、田舎に行くと、お母さんが「あら？ オシッコ？」などと言いながら、赤ちゃんを床に差し出してオシッコさせます。バスが揺れると、オシッコがサーッと流れてくる。でも、だれも何も言いません。

だって、向こうの赤ちゃんは、オムツなんてしていないんですから。股割れしているベビー服というか、肌着のようなものを着ています。だから、基本的に赤ちゃんは垂れ流しなのです。家のなかでも、オシッコしたらササッと拭くだけ。当然、バスのなかでも垂れ流しです。

オムツをさせるのが面倒くさいのか、布がなかったからなのか、理由はわかりませんが、紙おむつが登場したのはごく最近のことです。上海などの都会では紙おむつを使っていると思いますが、中国全体でいったら、やっぱり垂れ流しでしょう。

不衛生と思うかもしれませんが、オムツをしないほうが、早くトイレの習慣が身につくという考え方もあります。自立するのが早くなるかもしれません。それに、オムツの処理をすることを考えると、親もラクなんじゃないでしょうか。

そもそも中国人の大半は農民だったわけですから、昔ながらの習慣として、いまも垂れ流しオーケーなのだと思います。

また、中国人は子ども好きで、子どもを大切にする国民です。私も子どもを連れていると、トイレに入るときなど、近くにいる人が子どもを抱いてくれたり、バスの運転手が子どもの手を引いてバスから降ろしてくれたりします。子どものすることだからと、鷹揚《おうよう》に構えてくれるところがあるのです。

それに比べると、日本は子どもに厳しいです。電車で子どもが泣いていると、キッとにらまれたり、迷惑そうな顔をされたりしますから。そういう点では、中国はいい国だなと思いますね。

せっかちな中国人のタクシーの乗り方

中国に行って初めてタクシーに乗ったとき、驚いたことがあります。いまではもう慣れましたが、そのときは本当にびっくりしました。

それはタクシーが目的地に着いて、お金を払おうと財布を取り出したときでした。突然、ドアが開いて、知らない人が入ってきたのです。

「え、何？（あなた、だれ？）強盗⁉」

心のなかでそう叫んでいました。けれども、ドライバーは何事もなかったように平然としているし、乗り込んできた人も、堂々と座っています。不審に思いながら、お金を払い、タクシーを降りると、ドライバーはその怪しい人物を乗せて走り去りました。

そんなことがあってから、タクシーに乗り込む人をジーッと観察してみました。すると、タクシーから客が降りる前に、次の客が乗り込んでいます。それが当たり前のことのように、サッサと乗り込むのです。

それを見て、「ははぁ、せっかちな中国人らしい習慣だな」と納得しました。どうせタクシーに乗るのだから、前の客がいようが関係ないということのようです。それがわかってからは、もちろん、私も同じようにタクシーに乗り込んでいます。

「郷に入っては郷に従え」といいますからね。異国で日本人的マナーにしばられていてはストレスになるだけです。けれども、そんな私でもついていけないこともあります。

たとえば、上海万博の会場で、「手を触れないでください」と中国語で書かれた看板があるのに展示物を素手でさわり、手垢がついてしまったり。かと思えば、なんとか館内に入ろうとして、柵と地面の隙間を這《は》いつくばって侵入したり、身体障害者のふりをして優先ゲートから入場しようとしたり。ゴミ箱があるのに、ゴミをそのへんにポイポイ捨てたり、トイレに行かずに物陰で用を足す人もいます。

笑ってしまうのが、係員に賄賂を渡して、並ばずに入場しようとする人がいることです。中国で賄賂は珍しいことではありませんが、こんなところでも賄賂を使おうとするんですね。また、上半身裸で歩いたり、横になれるスペースを見つけると、すかさず寝てしまうなど、やりたい放題。まあ、日本では白い目で見られるでしょうが、中国人なら「さもありなん」と納得してしまいます。

ただ、中国のネットユーザーたちは「中国の恥だ」と怒りの声を上げているようなので、マナーに関しては中国も変わっていくかもしれませんね。

傍若無人すぎるタクシードライバー

夫と一緒に四川省の成都に行ったときのことです。

タクシーに乗ったら、運転手がいきなりメーターを手で止めたのです。「何？　どうしたの？」と思ったら、なんと3倍の値段を言うではありませんか。

「なんなんだ！　おかしいだろう。そんなに払えない！」

怒った夫が中国語でまくしたてて、結局、余計なお金は払わずにすみました。

「まったく、がめつい運転手だ！」

などと怒り心頭だったのですが、タクシーが走り去った後、急に夫の顔が青ざめました。大事な書類が入ったカバンを、タクシーのなかに置き忘れてしまったのです。

日本だったら、戻ってくる確率は高いでしょうが、中国では100%戻ってきません。忘れ物を届けてくれる中国人など、皆無だからです。ちゃっかり自分のものにしてしまいます。忘れ物をしたら、捨てたと諦めるよりほかありません。

日本国内を夫と旅行しているとき、レンタカーのなかにビデオカメラを置き忘れてしまったことがあります。中国人である夫は、絶対戻ってこないと思い込み、がっくりしていました。ところが、レンタカー屋さんからケータイに、

「車のなかにビデオ、置き忘れていますよ」

と連絡があったのです。

夫は、「おかしい、なんで拾った人は自分のものにしないんだ⁉ 中国では忘れ物を届けるなんて、ありえない」と、びっくりしていました。それくらい珍しいことなのです。

また、タクシーに乗車拒否されたこともあります。日本でもバブルの頃は、短い距離だと乗車拒否する運転手がいましたが、中国人の場合はもっと過激です。

四川省の成都に家族で旅行に行ったとき、五つ星ホテルに泊まっていたのですが、何かの都合で別のホテルに移動することになりました。歩いて15分ほどのところでしたが、大きな荷物もあるので、タクシーを利用することにしました。

正面ロビーの前に泊まっているタクシーに乗り込んで、行き先を告げたとたん、運転手が「そんな近いところに行けるか！」と怒鳴り始め、うちの子どもの首根っこをつかまえて引きずり降ろしたのです。さらに、乗せた荷物も全部ポーンと放り投げられてしまいました。そして、唖然とする私たちを尻目に、別の客を乗せてどこかに走り去ったのです。あっという間の出来事でした。

日本でも、タクシードライバーの態度の悪さが話題になったことがありましたが、中国のタクシー事情を知れば、その比ではなく、「日本のタクシードライバーって、なんて礼儀正しいんだろう」と思うに違いありません。

正しい中国式映画鑑賞法とは

中国の映画館に行って驚くのは、上映の途中に入ってきて、途中で出て行く人が多いことです。上映時間に合わせて見に来るということがないんですね。見たいときにやってきて、ストーリーがつながったら、出て行く。時間の節約のためなのか、時間に合わせて来るのが面倒なのか、なんとも不思議な習慣です。

不思議といえば、映画のエンディングが近づくと、なぜか、みんな立ち上がってしまいます。「どこに行くんだろう、もう終わるのに」と思うと、出口のあたりで立って見ているのです。そして、終わると同時に出て行く。それはもう、速攻です。

日本人だったらエンドロールまで見て、映画の余韻に浸るところですが、中国人にそれはありません。だれも見る人がいないから、映写技師もその部分はダーッと早回ししてしまいます。俳優や監督の名前など、どうでもいいといわんばかり。映画のストーリーがわかれば、それでいいようです。本当にせっかちです。

といっても、映画は映画館で見るより、海賊版DVDを買って家で見る人が多いように思います。なにしろ100円くらいで買えますからね。

海賊版は、映画館で上映しているのを後ろのほうから撮影して、それを街角で売っています。だから、画面に映画を見ている人の頭とかが映っているんですよ。人が立ったり、座ったりするのも映っています。日本人なら、そんな映像は見たくないと思うでしょうが、中国人はまったく平気。安ければいい、ということなのでしょう。なんとも合理的な国民だと思います。

商品を放り投げる中国人の店員

日本人ほどサービス精神のある国民はいない。そう思うのは、レストランやホテル、ショップなどに行ったときです。みな、ニコニコと満面の笑みをたたえて「いらっしゃいませ！」と声をかけます。ホテルや旅館の行き届いたサービスなど、ホントにすばらしいと思います。気配りや思いやりなど、ホスピタリティに溢れています。

飛行機に乗るときも、客室乗務員がにこやかに出迎え、終始、笑みをたやしません。まあ、やりすぎと思うこともありますが、中国系航空会社の客室乗務員の冷たい表情よりはずっと気持ちよく過ごせます。中国人客室乗務員は美人ぞろいではありますが、美しいだけに無表情だとすごくコワイです。想像してみてください、コワイでしょ？

日本人は「笑顔が大切」という雰囲気のなかで育ちますが、中国にはそういう慣習がありません。笑顔で「和」を尊ぶよりは、意見を戦わせる文化なのです。そのうえ、どうも中国人には、サービス業というものがわかっていないようです。ホスピタリティというのが、まったく身についていません。ほとんど笑みがなく、ブスッとしていて「怒っているのかな？　私、悪いことした？」と、こちらがビクビクしてしまいます。

5年くらい前に、子どもを連れて中国に行ったときのことです。ユニクロに服を買いに出かけ、レジを待っている間、店員はニコリともしませんでした。それだけならまだしも、買った商品をこちらに放り投げたのです。それが私の子どもの顔にぶつかっても「ごめんなさい」のひと言もありません。もちろん「ありがとうございました」のあいさつもなし。子どもは怖がって、泣きそうになっていました。

中国人の無表情には慣れている私でしたが、買った商品を放り投げる店員を見たのは初めてです。手渡すのが面倒で放り投げたのかもしれませんが、さすがの私も「そりゃ、ないだろう」と思いました。無理に笑ってくれとは言わないから、せめてモノを投げるのだけはやめてほしいと思います。

食へのこだわりは鮮度にあり

中国人の夫の実家に帰ると、いつも義父母が私たちを歓迎して料理を作ってくれます。そのとき、注意しなければならないのは、中国人は新鮮なものが好きだということです。あるとき、義父母が市場に行って、生きているウサギを買ってきたことがありました。

一緒に出かけた子どもは「おばあちゃんがウサギを買ってくれたんだよ！」と喜んでいます。その様子を見た私は「困ったな」と思いました。真実を話すべきか、黙っているべきか、まさにハムレットの心境です。本当に頭を抱えてしまいました。

なぜなら、そのウサギは飼育用ではなく、食用だったからです。中国人は新鮮なものを好みます。それは野菜も、肉も。だから、生きているニワトリやウサギを買ってきて、自分でさばくのです。中国ではそれが一般的です。

結局、私は子どもに「おばあちゃんは食べるために買ったんだよ」とも言えず、食事の時間を迎えてしまいました。私も真相を知っているだけに箸が進みません。でも、買ってきたウサギの姿が見えないので、子どもなりに何かを察したようでした。

それ以降、中国の義父母に会いに行くたび、子どもが「おじいちゃんがママのためにウサギを殺したんだよ」と言うようになり、まいっています。料理はおいしそうなのに、ウサギがかわいそうで食べられないのです。ニワトリはまだいいですが、ウサギはペットという感覚がありますからね。

また、市場に行くと、魚の表面に血を塗りたくっているのに出くわすことがあります。なぜかといえば、血がついているほうが新鮮に見えるからです。「いま、死んだばかり」

という演出が必要なんですね。

まあ、魚に関しては日本も活け作りといったものがあるので、そこは似ていると思いますが、中国人にはウサギをペットとして飼うという感覚はないですね。あくまでも食べ物です。最近でこそ、都市部で犬や猫を飼う人が増えていますが、一般的に動物愛護という意識は薄いと思います。

一人っ子政策が生んだ小皇帝

中国で一人っ子政策が始まったのは1979年です。それで80後世代とも呼ばれているのですが、ちょうど改革開放の時期と重なり、彼らの両親は富裕層や中産階級だったりします。そのため過保護になりがちで、小皇帝と称されることもあります。

一人の子どもに両親と父方・母方の祖父母がいるので、6つのポケットがあるともいわれ、贅沢な暮らしになりがちです。私は、みんなからの期待が大きすぎて、かわいそうだなと思ってしまいますが、裕福な環境で育ち、なんでもやってもらえるので、大人になっても自分一人では何もできないという人もいます。勉強、勉強で知識は豊富なのですが、遅刻しそうなときに連絡をするといった当たり前のことができなかったりします。また、もらった給料を貯金しないで、全部使ってしまう人もいます。

以前、中国に行ったときに、レストランで見た光景は忘れられません。子どもがウエイトレスに向かって、ひどい口のきき方をしていたのです。私が親だったら、すごく怒るところですが、その子の両親も、周りにいる人もだれも怒っていませんでした。見ていて、すごく気分が悪かったですね。まさに小皇帝という風情でした。

うちの北京事務所に勤務している社員で子どものいる人は、ほとんどがお手伝いさんを雇っています。中国ではそれが一般的なのですが、親が家にいない間はお手伝いさんがなんでもやってくれるわけです。「水！」と言えば、すぐに持ってきてくれるし、「自分でやりなさい」とは言われません。もし、お手伝いさんが言うことをきかなければ、親に文句を言って別の人を雇うこともできます。

そういう環境で育ったら、相手を思いやったり、我慢したりということができなくなると思います。その点、日本人は自分で子どもを育てているから、中国よりはちゃんとしつけもできているんじゃないかと思いますね。

一人っ子で育った中国人はワガママ放題で甘やかされていると、よく報道されます。実際、私が出会った中国人のなかにも「こりゃあ、まいったなぁ」と思うようなお金持ちのボンボンがいたりします。

けれども、そんな一人っ子も学校の先生には頭が上がりません。絶対服従なのです。先生は竹刀を持って教室を歩き、言うことを聞かない生徒をバシーンとぶつこともあります。日本だったら、暴力教師として訴えられるところですが、中国の親は何も文句を言いません。それだけ先生の威厳が保たれているということでしょう。

中国には塾というものがありませんから、すべては学校の先生次第という側面もあります。いい大学に行くためには、先生の言うことにきちんと耳を傾け、しっかり勉強しなければならないのです。先生に楯突いたら、子も親も途方にくれるというわけです。

一方、先生は先生で、生徒の成績が下がったら自分の責任になるので、一生懸命、指導します。高校ぐらいになると、夜の10時、11時ぐらいまで残って教えていますから、先生も大変です。夏休みなど長期休暇には、学校の先生を家庭教師として雇う親もいます。なかには数人の親で先生をシェアし、子どもを教えてもらうこともあるそうです。先生にとってはアルバイトみたいなものですね。

何度か授業参観したこともありますが、そこでも驚いたことがあります。授業中にだれかのケータイが鳴ったのです。一瞬、「私?」と、焦ってバッグを探りましたが、受話器を取ったのは、授業をしていた先生でした。そして、当たり前のように話し始めたのです。私的な内容でもおかまいなし。生徒はただ終わるのを待っています。どうも、中国人のケータイ好きはエリートだけにかぎらないようです。

また、授業中に「ペッ」と床にツバを吐くのを見たこともあります。女性の先生だって、平気でやります。日本ではマナー違反ですが、中国では関係ないようです。それにしても、その床はだれが掃除するのでしょうね。気になります。

子ども時代から始まる弱肉強食の世界

中国人の自己主張の激しさはすでに書きましたが、その国民性は子ども時代にすでに形成されているようです。というのは、私の子どもが四川省の保育園に通っていたとき、よく愚痴《ぐち》っていたからです。

「オモチャがね、いつまで経っても、私のところに回ってこないの」

実は、私の子どもは日本の保育園にも通った経験があるので、オモチャを順番に使うという作法が習慣になっていたのです。ところが、中国では腕力の強い子が独り占めして、他の子どもに回そうとしないのです。

「先生は？ なんとかしてくれないの？」

私がそう聞くと、娘は諦めたようにつぶやきました。

「先生？ なーんにもしてくれないよ。日本と違うね」

子どもの話から察するに、中国では「集団」より「個」が尊重されるようなのです。「和」を尊ぶ日本人とは正反対。子どもの頃から「自己主張しないと自分の思い通りにはならない」と学ぶんですね。だから、オモチャにしても、順番に回して遊ぶという発想がないのです。もちろん、先生にもありません。

そんなふうに育つから、飛行機の機内食をもらうときにダッシュしたり、マクドナルドでハンバーガーを買うときに、列に並ばずに大声をあげたりするのでしょう。日本人のようにトイレに入るのに並ぶなど、中国人にはありえない話です。押し合いへし合いして、なんとか入ろうとするでしょう。

私にも苦い経験があります。バスを待っていて「一番前だから、座れるだろう」と思ったら、とんでもない大誤算。後ろから押されて、気づいたら血まみれになっていたことがあります。その勢いときたら、ものすごいのです。まるで、お祭りの人混みのよう。人がぶつかって、ケガをしようがおかまいなしなのです。結局、2時間、立ちっぱなしでした。

子どもの頃から弱肉強食の環境で育てば、自己主張しまくる大人になるのもしかたがありません。「自分が一番」という意識が強くなり、仕事でも「俺にやらせろ」「私がやる」と自己主張します。それが、ときに大風呂敷《おおぶろしき》を広げることになり、周りに多大な迷惑をかけることにもなるわけです。けれども、それが中国人の個性ともいえるし、そこがおもしろいともいえるのだと思います。

人気の留学先はアメリカとイギリス⁉

これはテレビのドキュメンタリー番組で紹介していた話ですが、ある英語学校を経営している中国人の社長は、5億円で建てた豪邸に住み、自分の子どもをイギリスに留学させるために2億円を準備しているそうです。

実際、私が知っているお金持ちの中国人も、子どもを留学させている人がほとんどです。北京や上海ではアメリカのボストン、香港ではイギリスに留学させる傾向があります。香港はイギリスの植民地だったということで、イギリス行きが多いのでしょう。あとは、オーストラリア、カナダなどの英語圏が続きます。

日本に留学する中国人は年々、減少気味ですが、留学生の出身国別でいうと、中国人がダントツ一位です。やはり隣国ですからね。

けれども、留学生の暮らしを見ると、一昔前とはかなり様相が変わっています。以前はアルバイトをしながら大学に通うという苦学生のイメージが強かったのですが、いまは日本に来るなり、車の免許を取って親に車を買ってもらうという若者もいます。なかには、子どもが住むマンションを購入する親もいます。

これは一人っ子政策で、子どもにかけるお金の額が大きくなっている影響もあるのでしょう。それにしても、ものすごい甘やかされ方ですね。

出産後40日間は風呂に入るな

中国と日本とでは、文化・慣習に違いがありますが、私自身が経験したなかには「出産したら、40日間は風呂に入ってはいけない」というものがあります。どういうわけか、お風呂に入るとリウマチになると信じている人が多いのです。おそらく衛生環境が悪くて体調を壊す人が多かったからでしょう。

また、「出産後は水に触るな！」とも言います。私が出産で実家に帰っているとき、様子を見に来た夫が激怒して、私を連れて帰ったことがあります。私も、夫が何を怒っているのか、まったくわかりませんでしたが、母親が出産後の私に「皿を洗って」とか「お風呂を洗って」などと言っていたことが原因だったようです。

中国の慣習など知らない母親にしてみれば、いい迷惑だったかもしれませんが、私にとってはラッキーなことでした。というのは、夫が皿洗いやトイレ・お風呂の掃除など、水仕事を一手に引き受けてくれたからです。

もともと中国人の男性は家事全般をこなす人がほとんどで、料理も女性よりも上手なくらいです。共働きが一般的な中国では、男性が家事をするのは当たり前。女性も、それが当然という顔をしています。その点は、日本人男性も見習ってほしいですね。

ところで、「40日間はお風呂に入るな！」という慣習ですが、さすがにそれは実行できないので、夫にはなんとか許してもらいました。それにしても、中国人女性は本当に40日間もお風呂に入らないのでしょうか。それは、いずれ、だれかに聞いてみたいと思います。

ビジネスマンが中国に赴任することになったら、向こうの銀行口座を開くことになりますが、ひとつ注意しておきたいことがあります。

それは銀行のキャッシュカードのことです。私が重慶で銀行口座を開いたのが間違いのもとでした。重慶は中国の内陸部にある地方都市です。たまに行くことがあるとはいえ、北京や上海への出張に比べれば、行く回数の少ない場所です。どうして滅多に行かない重慶で口座を開いてしまったのか、悔やんでいます。

前置きが長くなりました。説明しましょう。

日本では、どこでキャッシュカードをつくっても、同じ銀行だったらどこでも引き出しや入金が可能です。ところが、中国ではそれができないのです。同じ銀行なのに、重慶でつくったキャッシュカードを北京や上海では使うことができないのです。他の銀行と同じように、高い手数料を取られてしまいます。

まだ全国ネットになっていないんですね。そのうち、どこでも使えるようになるかもしれませんが、「銀行だったら、どこで口座を開いても同じだろう」などと思ってはいけません。くれぐれも、自分の所在地で口座を開くことをオススメします。

第四章 日本にやってくる中国人の仰天素顔

注文前に飲み始めて何が悪い？

日本に滞在している中国人とファミリーレストランに入ると、のっけから驚かされます。そこはセルフサービスの飲み物を提供しているファミレスだったのですが、席に着く前にドリンクバーに直行して、勝手にグラスに飲み物を入れているのです。

「まだ、注文していないのに、それはまずいんじゃないの？」

「どうせ頼むんだから、同じでしょ」

そう言われたら、もう何も言えません。これもまた、中国人の合理的な考え方といえるのでしょうか。列に並ばずに割り込むのと同じ理屈かもしれません。

ちなみに、私はテーブルで注文してからドリンクバーに向かいました。やはり日本人は日本人の流儀じゃないと、落ち着きませんからね。

これと同じで、コンビニなどに行くと、いきなりアイスクリームなどを手に取り、レジに行く前に袋を開けてペロペロなめたりします。「どうせ買うんだから、先に食べてもいいでしょ？」というわけです。いくら「ここは日本だから、レジが先」と言っても、聞く耳持たず。結局、こちらが目をつぶることになります。

交渉術といえば、野菜や果物を買うとき、必ず味見するのもエリート中国人の得意技です。これは八百屋さんでもスーパーでも、「食べてみないと、おいしいかどうかわからないでしょ？」と言って、ちょっとかじります。果物も甘いかどうかを味わいます。確かに、こうすれば新鮮な野菜と果物が手に入りますよね。

それで、味がイマイチだと、「これ、もう少し安くならない？」と言って、値切り交渉をするのです。デパートでも、「安くなりませんか？」と念を押して聞いたりします。

さすがにデパートで値切り交渉に応じてくれるところはないでしょうが、八百屋さんやスーパーなどでは安くしてくれるところもあるようです。なんでも交渉してみるものだと、中国人を見ていると、そう思いますね。

レストランの厨房で料理人に変身

中国人は男性も積極的に家事をやりますが、料理が得意だという人も少なくありません。かくいう私の夫も料理はお手のもの。私より上手なくらいです。もちろん、中華にかぎりますが、そのへんの中華料理屋さんよりおいしいと思います。

そんな料理上手な夫には、困ったクセがあります。中華料理屋さんに行って、しばらく料理が出てこないと、すっくと立ち上がり、厨房へと向かうのです。

何しに行くかって？　それは料理を作りに行くのです。ウソみたいな話ですが、本当です。しかも、なかには作らせてくれるお店もあります。太っ腹ですね。

そのときに、決まって言うことがあります。

「料理、作るから半額にしてくれ」

中国人は本当に交渉するのが好きなんですね。どんなときでも、ダメもとで交渉しようとします。交渉が成功するかどうかは、店主次第ですが、日本では交渉決裂の場合がほとんど。でも、上海ではオーケーだったことがあります。言ってみるものですね。

私が出産したときも、病院で出されたご飯が冷たいからと、夫は病院の近くにあるラーメン屋に駆け込んだことがあります。しばらく待っていると、ホカホカのできたての料理を持って病室に入ってきました。話を聞くと、「ラーメン屋の冷蔵庫を開けて、適当に材料を見つくろって作ってきた」とのこと。ただし、このときは半額にはならなかったようです。

日本人には思いつかないことをやる、そして、思い立ったら即実行する。それが中国人だとつくづく思います。

3000円の会席弁当より500円のラーメン

仕事の関係で、中国からモデルを呼んで撮影したことがあります。そのとき、現場の日本人スタッフがお昼に3000円の会席弁当を用意しました。3000円といったら、豪華版のお弁当です。日本人だったら、喜んで食べるでしょう。

ところが、彼女たちの反応は違いました。

「こんなの、食べられない！」

「冷たい食事なんて、どういうこと？」

驚いたのは日本人スタッフのほうです。どうして怒っているのか、全然、理解できません。それで、私に「小澤さん、中国人のモデルが怒っています。どうしましょう？」と、泣きの電話を入れてきたのです。

「ああ、それはね、冷たいからよ。中国人は温かい料理が好きなの。ラーメンなら食べると思うから、ラーメンにしなさい」

「え？　ラーメン？　そんなのでいいんですか？」

「そう、ラーメン！　ラーメンなら温かいでしょ？」

第一章でも紹介しましたが、中国人はふだん温かいものを食しています。冷たいものはあまり食べません。どんなに高級な料理でも、冷たいものはイヤなのです。それよりは温かいラーメンのほうが断然、喜びます。

冷たいものを出すと、「帰ってほしい」「あなたのこと、好きじゃない」というマイナスの意味に取られることもあります。それくらい料理の温度は重要なのです。

たとえば、中国からの留学生に、ホームステイ先のお母さんがお弁当を作ってあげたとしましょう。本人は喜ぶどころか、おにぎりを見て「どうして、こんな冷たいご飯を……」とショックを受けたりするのです。中国では冷たいお弁当を食べるという習慣がないんですね。

ちなみに、中国の子どもたちは自宅に戻ってお昼を食べ、また学校に行きます。あるいは、給食設備のある学校なら、温かい料理を作って食べさせます。そして、大人は食堂やレストランに行って、温かい料理を食べるのです。家からお弁当を持参することなどありません。

日本に何度も来ている中国人なら、お弁当文化を理解しているので、それほどイヤな顔はしないでしょうが、初来日の中国人に冷たい料理は御法度《ごはっと》です。嫌がらせされていると誤解されかねません。お弁当よりはラーメンです。あるいは吉野家の牛丼でもいいでしょう。吉野家は中国にもありますから、なじみがあります。

中国人は自分がおいしいと思えば、それが安かろうが高かろうが関係ありません。3000円の会席弁当より、500円のラーメンのほうがいいのです。

お風呂屋さんは亀のスープ屋⁉

日本人も中国人も漢字を使う国民です。同じ漢字だから、意味も一緒かというと、微妙に違っていたりします。それで、とんちんかんな勘違いが起こったりします。

あるとき、日本在住の中国人から「今度、亀のスープ屋さんに行こう」と誘われました。

「亀のスープ屋？　聞いたことないけど、そんなの、あるのかな？」

そう思いながら、その人について行きました。しばらく住宅街を歩くと、突然、立ち止まり、「さあ、着いたよ！」と言います。

「え？　ここ？」と思って見ると、大きな暖簾に「亀の湯」という文字が墨で書かれているではありませんか。驚いている私のそばを、洗面器を持った人が入っていきます。

「ここ、スープ屋じゃなくて、銭湯！」

実は、「湯」という漢字は中国では「スープ」という意味なのです。中華料理屋さんに行くと、メニューにも「湯」が使われているので、ご存じの方も多いと思います。「亀」という字がついていたものだから、すっかり亀のスープ屋さんだと勘違いしたというわけです。

ウキウキとついて行った私は、お腹が空いているのも忘れて、笑いこけてしまいました。中国人と付き合うと、本当に笑えます。

3カ月に一度は換気扇を交換!?

私の夫が料理好きだということは、すでに書きましたが、実は困ったこともあります。メインが中華料理なので、火力を強くして調理するのですが、その結果、わずか3カ月ほどで換気扇が溶けてしまうのです。料理の腕前はプロ級だし、料理もおいしいのですが、これにはまいってしまいます。

しかたなく、3カ月ごとに近所の電器屋さんで新しい換気扇を購入していたら、あるとき、質問されました。

「いつも換気扇ばっかり買いますけど、なんのご商売なんですか？」

「え？　あ、商売じゃないんですけど、ちょっと料理を……」

「へえ、料理で換気扇を溶かしちゃうんですか⁉」

中国では強い火力で調理することが当たり前ですが、日本で炎が出るような料理を作る人は珍しいですからね。国が変われば、何かと支障も出てくるというわけです。

わが家では、私が忙しいと必然的に夫が料理することになり、キッチンに立つのも当たり前。そういう姿を見慣れているので、うちの子どもは「お父さんが料理するのは普通のこと」だと思っています。

それで、たまに「〇〇ちゃんのお父さん、一回も料理作ったことないんだって！　びっくりだねぇ」と驚いて報告することがあります。「お父さんは料理を作る人」だと思っているわが子に「うちは珍しいんだよ」とも言えず、「ふ〜ん、そうなの」などと返事をしています。こんな状態で、うちの娘は将来、日本人と結婚できるのか心配です。

模造紙に包まれて帰ってきた子ども

私の子どもがまだ小さかった頃の話です。熱が41度まで上がって、「病院に連れて行かなくちゃいけない」と焦っているのに、夫は悠然と志村けんの番組を見ているのです。

「熱がひどいから、一緒に病院に付き添って！」

「なんで、おれが行かなくちゃいけないの。一人でも大丈夫だろう？」

「だって、一人でタクシーひろうの大変だし、荷物もあるんだから」

「いま、ちょうど志村けんがおもしろいことをやっているんだよ」

私がいくら頼んでも腰を上げようとしないのです。しかたなく一人で病院に連れて行きました。子どもは嘔吐もあり、着替えも持っていったのですが、それだけでは足りませんでした。汚れたまま家に連れて帰るのはかわいそうだったので、夫に電話して「病院に着替えを持ってきて」と頼みました。すると、「いまテレビ見てるから、行けない」と言うのです。

電話を切ったあと、「自分の子どもが苦しがっているのに、テレビが見たいのか⁉ なんだ、それ？」と無性に腹が立ってきました。しばらく立ち尽くしていると、付き添ってくれた看護師さんが「ご主人、迎えに来てくれないんですか？」と聞いてきました。

しかたなく「来ない」と答えると、気の毒に思ったのか、模造紙を持ってきてくれました。そして、子どもをその模造紙にくるみ、タクシーに乗り込んだのです。なんて、かわいそうな私の子ども！

けれども、夫は驚く様子もなく、「無事に帰ってこられたんだから、いいじゃない」とひと言。このときばかりは、真剣に離婚を考えました。この頃はまだ中国人の性格を把握していなかったんですね。

そんなことがあったかと思うと、別のときには、救急外来でみんなが並んで待っているのに窓口に行って「こんなに具合が悪いんだから、先に診察して！」と、ごり押ししたこともあります。どんなときでも、交渉するのです。

中国人というのは、自分を中心に物事が回っているんですね。だから、見たいテレビがあれば、それを優先させるし、時間があるときは子どもを病院に連れて行って、順番に割り込もうとします。それが自分勝手だという発想はありません。中国人にとっては、自然なことなのです。

病院の看護師さんに怒られたワケ

中国人が自己中心的だという話はすでに書きましたが、これは国民性といってもいいと思います。中国人の同僚や上司だけでなく、私の夫を見ていてもそう感じます。

私が肺炎で入院したときのことです。面会時間が午後3時から8時までと決まっているのに、夫がその時間帯に来たことは一度もありませんでした。いつも、自分の好きなときにやってきて、病室に入ってくるのです。

私が「面会時間が決まっているから、その時間帯に来てほしい」と頼んでも、おかまいなし。「なんで？　そんなこと言われてもねー。来たいときに来ればいいじゃない？」と聞く耳を持たないのです。どれだけ口を酸っぱくして言っても、ダメでした。

結局、看護師さんに叱られるのは私なのです。しかも、一度ならず、何度となく規則破りをするのですから、困ってしまいます。内心は「もう、来なくていいから」と思っていました。しかも、いつ来るか予測がつかないので、本当にビクビクものだったのです。面会に来られるのが怖いなんて、笑い話にもなりませんね。

また、子どもが生まれたときにも、困ったことがありました。病院の授乳時間が決まっているのに、おかまいなしに会いにやってくるのです。「この時間はダメだからね」と言

って も、「自分の子どもに会いに来るのに、なんでダメなんだ」と言って、来たいときにやってくるのです。

夫の来院が授乳時間にぶつかると大変です。なにしろ、子どもを産んだばかりのお母さんたちが新生児室で授乳させているところに、私の夫が入ってくるんですからね。みんな、胸をボロンと出して授乳しているところにですよ。

「あー、まずい。どうしよう」と焦っているのは私だけ。夫は堂々としたものです。自分の子どもを見つけて、ニコニコしています。

唯一ラッキーだったのは、白衣を着ないと入室できなかったことでしょうか。他のお母さんたちが「あれ、だれのダンナさん？」と聞いてきたときに、「あれ、○○先生じゃないですか」などと答えてごまかしていたのです。

いまだから笑って話せますが、あのときは肝を冷やしました。私の夫だとばれたら、大騒ぎになっていたかもしれませんからね。

田園調布より歌舞伎町に家を建てたい!?

日本人のあこがれの街といえば、田園調布とか広尾あたりでしょうか。セレブが多く暮らす街でもあります。

ところが、中国人にとっては「田園調布？　どこそれ？」となります。「どこに住みたい？」と聞くと、「歌舞伎町！」と答えます。もちろん、人によりますが、地方の田舎から日本にやってきた人たちは、ネオンがきらめく歌舞伎町に目を輝かせます。

なにしろ、キラキラしたものが好きな国民ですから、無理もありません。それに、中国では、農村戸籍の人が都会で家を買うのは並大抵のことではありません。それだけに、より一層、都会へのあこがれが強いのでしょう。

そして、言うのです。

「宝くじが当たったら、歌舞伎町に家を建てたい！」

私だったら、どんなにお金を積まれても、歌舞伎町に住みたいとは思いませんが、そうでない人もいるんですね。まあ、中国の田舎といったら、北海道より広大だったりするので、そういうところから来日すれば、賑やかなところに住みたいと思うのかもしれません。

ただし、北京や上海などの大都会出身の人は、歌舞伎町に家を建てたいなんて、思いません。交通の便がよくて、東京タワーが見えるマンションや、汐留の海が見えるようなマンションがお気に入りです。実際、台湾人でマンションを買っている人も多いと聞きます。

そこに住むというよりは投機目的だろうとは思いますが、経済成長している中国から見たら日本は投資しやすい状況なのでしょう。

中国人の言い間違いに車内がシーン⁉

日本語を母語としない外国人には、勘違いや言い間違いがよくあります。思わず笑ってしまうような場面に遭遇することも多々あります。私のなかでのお笑いベストワンを紹介しましょう。

それは、朝、夫と同じ電車に乗ったときのことです。その日は少し寝坊してしまい、ファンデーションだけ塗って家を出てきたので、口紅はつけていませんでした。会社に行ってからでいいや、と思っていたのです。

電車のなかで、夫と差し向かいに立っていたときです。

「今日はちくび黒いね」

突然、夫が私のほうを見て、言うのです。しかも、ごく普通に。満員電車でギュウ詰め状態だったので、夫の声は周りに丸聞こえです。

「え？　何言ってるの？（おいおい、ちくびって）」

「だから、ちくびが……」

私が夫をにらみ、言葉を制すると、夫は怪訝そうな顔をして私を見つめています。周りの人たちはというと、私の胸のあたりに視線がくぎ付けです。それはそうです。「ちくび」なんて言葉を聞いたら、だれだって「なんだろう？」と思います。

私は恥ずかしくてカーッとなっていましたが、夫が言いたかったのは、もちろん「ちくび」のことではありません。

「今日は、くちびる黒いね」

そう言いたかったのです。「くちびる」を「ちくび」と言い間違えたんですね。その日、私が口紅をつけていなかったので、黒っぽく見えたのでしょう。あとでそれを知り、大笑いしてしまいました。電車に乗り合わせた人たちはなんと思ったでしょう？

また、私の夫は四川省の出身で、海を見たことがありませんでした。日本に来て初めて海を見たのです。さぞかし感動すると思いきや、うへーっという顔をしました。

「なんだ、これ？　塩の味がする！」

「海だもの、塩辛くて当たり前でしょ」

「頼むから、今度は塩の味のしない海に連れて行ってくれ！」

「それは絶対、無理！」

私の夫にかぎらず、中国人はおもしろいことを言ったり、やったりします。それを「へンだ」と思うか、「おもしろい」と思うかで、ストレスの度合いもずいぶん変わります。おおらかな気持ちで受け止めれば、中国人との付き合いもうまくいくのではないでしょうか。

中国人が行きたがる観光地とは

外国人に人気の観光地といえば、東京、大阪、京都といったところですが、中国人が行きたがる場所は違います。どこだと思いますか？

答えは北海道です。中国のどんな田舎に行っても、みんな北海道は知っています。どうしてかというと、映画『幸福の黄色いハンカチ』の舞台が北海道だからです。この映画、中国でもよく知られています。また、高倉健主演のアクション映画『君よ憤怒の河を渉れ』も中国で放映され、話題になりました。『君よ……』は１９７６年制作の映画ですから、日本人でも若い人は知らないかもしれませんが、主人公が逃亡する先が北海道なのです。というわけで、中国人はみな北海道に行きたがります。

北海道に行くと、必ず買うのが海産物。中国の空港で、どうやって税関を通るのかわかりませんが、発泡スチロールに入れて、ガッツリ買っていきます。とくに人気なのはカニとアワビ。北海道でしか買えないものだから、グルメなお金持ちには大人気です。

次に有名なのは、やはり富士山。夏に中国人を連れて5合目ぐらいまで登ったことがあるのですが、周りは赤茶けた山肌が続いているだけ。雪がないので、ショックを受けたようでした。富士山といえば雪のイメージが強いですから、登ったりせずに遠くから眺めるぐらいがちょうどいいようです。

また、中国人があえて行きたがるところではありませんが、連れて行くと「な〜んだ」と言われるのが靖国神社です。いつも日中間でもめるセンシティブな場所ですが、行ってみると「普通の神社と同じじゃないか」というわけです。でも、「行きたくない」と言う人が多いので、あえて連れて行くことはないですね。

写真に対するハンパないこだわり

私が中国人グループを連れて観光案内をしたときのことです。

風光明媚な場所で「さあ、写真を撮りましょう」と私が言うと、みんながバラバラに離れていきます。「あれ？　みんな一緒に撮るんじゃないの？」と思ったら、一人ずつ風景をバックにポーズを取り始めました。「一人ずつ撮ってくれ」と言うのです。

「8人もいるのに⁉　時間がなくなっちゃう」

私の焦りをよそに、悠々とポーズを取る中国人たち。「しかたない、サッサと撮ってしまおう」とカメラを構える私に、彼らは顔の角度や足の置き方などを何度も変え、「もう一枚、もう一枚」と、シャッターを切らせます。まるで芸能人のようです。

さらに、撮ったら撮ったで、デジタルカメラの映像をチェックし、「もっと、こうしろ」だの「ああしろ」だのと注文をつけてきます。それを一人ずつやるのですから、もう大変。あっという間に時間が経ってしまいます。

中国人はポートレートのような、一人で写っている写真が大好きなのです。たとえ、大人数だろうが、そんなことは関係なし。自己顕示欲が強いというのでしょうか。日本人のように家族全員で、あるいは仲間と一緒に写真に収まるということはありません。

最近こそ、日本人も自分や恋人、家族の写真を部屋に飾るようになりましたが、中国人はスケールが違います。以前、知り合いの中国人宅を訪問したとき、その人の部屋の壁に大きく引き伸ばした写真がバーンと貼ってあるのを見て、びっくりしたことがあります。

日本人がそんなことをしたら、気味悪がられそうですが、中国人にとっては珍しいことではないのです。基本的にナルシストなんでしょうね。自分のことが大好きだなんて、うらやましい国民です。日本人ももう少し自意識過剰であってもいいかもしれませんね。中国人を見ていると、そう思います。

太っ腹な中国人の衝動買い

日本人も海外旅行に行くと、つい財布のひもが緩んで予算をオーバーしてしまうことがあります。とくに、お土産はあれもこれもと手が伸びがち。人にあげるために買ったのに、自分のものになってしまったり。それで、お土産の数が合わなくなるなんて、笑えない話もあります。

その点、中国人の買い物はスケールが違います。

ビジネスで来日した男性が「買い物がしたい」というので、髙島屋に連れて行ったときのこと。ゴルフのポロシャツ売り場に行くと、チラチラッと商品を見ただけで、店員さんに「ここからここまで全部、買います」と言ったのです。

その指さした範囲は、ラックのほぼ半分。そこにはMからLまで、さまざまなサイズのポロシャツがぶらさがっていたのですが、サイズなどまったく気にすることなし。てんでんバラバラのサイズを何十枚も買っていったのです。

私の夫も買い物をするときは、Tシャツ10枚、ポロシャツ10枚と、まとめ買いをします。どうも中国人はそういう買い方が好きなようです。それにしても、サイズに関係なく買うというのには驚きました。とりあえず、買ってから考えるということなのでしょうか。

また、中国で政府関係の仕事をしている女性は、「日本、寒いね」と言って、5万円もするグッチのスカーフを衝動買いしました。しかも、中国に帰るときには「もう、飽きちゃったからあげる」と言って、置き土産にしていったのです。

この女性にしても、ポロシャツを買った男性にしても、ものすごい高給取りというわけではありません。おそらく手取りは4万から5万円といったところでしょう。

そんなごく普通の勤め人のふたりが、どうしてこんな衝動買いができるのか。いずれにしても、中国人の買い物のしかたには驚かされます。

お妾さんのリッチな買い物旅行

私は中国人ビジネスマンの来日中のお世話もしますが、必然的にその家族の面倒も見ることになります。家族のなかには、お妾さんも含まれます。向こうのお金持ちは、そういうのを隠そうとしないんですね。もちろん、奥さんには内緒にするでしょうが、私たちにはバレバレです。日本人もそうなのかな？

お妾さんのほうも、実に堂々としています。日本のような日陰者のイメージはありません。まるで「私は本妻じゃないんだから、好きにさせてもらう」と言わんばかりに贅沢三昧。買い物もここぞとばかりに買いまくります。

私の知っている女性は、クリスマスになると決まって日本にやってきます。彼氏が妻子と過ごすから、出る幕がないんですね。それで、近場の日本に遊びに来る。そのときは、自分の子どもとお手伝いさんを一緒に連れてきます。

これは、サンリオピューロランドに行ったときの話です。お土産をあれもこれもとどんどん買い、合計金額が30万円にもなったのです。ぬいぐるみやオモチャばかりですから、どれだけの品数を買ったか、想像してみてください。30万円分を買うといったら、ハンパじゃないですよ。

「キティちゃんのぬいぐるみ、日本で買うと安いから〜」

そう言いながら、買いまくっていました。レジを打つ人も大変だったと思います。もう、レシートが巻紙のように長いのですから。一緒に連れて行った私の子どもも、目を丸くして驚いていました。それで、山のようなお土産をお付きのお手伝いさんに持たせて、日比谷の帝国ホテルまでタクシーで帰還するのです。

また、京都の清水寺に行ったときも、お寺よりも買い物に夢中。「お寺なんて、どこも一緒じゃないの」と言いながら、途中のお土産屋さんに寄って、ポンポン買い物をするのです。買い方も「〇〇さんに」とか、だれかを想定して買っているわけじゃありません。とりあえず、バーッと買っていく。その気前のいいこと！

とりあえず、多めに買っておいて、向こうで会う人にどんどんあげちゃうのでしょう。だから、あまり迷ったりもしません。買うのは早いです。案内する私には、ありがたいことですけれどね。

保育園で使う風呂敷がバスマットに!?

漢字圏であるがゆえの勘違いは多々ありますが、私の娘が通った保育園でも笑ってしまうようなことがありました。ごく普通の保育園だったのですが、どういうわけか外国人の子どもが多かったのです。クラスの3分の1は中国人で、パキスタン人やイラン人の子どももいました。

あるとき、保育士さんから「お遊戯のときに使うから、風呂敷を持ってくるように」と言われ、翌日、風呂敷を持って登園しました。すると、中国人のお母さんたちの荷物がやけに大きいのです。

「みんな、何を持ってきたんだろう？　風呂敷の他に何か必要なものがあったっけ？」

そう思って見ているると、バッグのなかから出てきたのは、なんとバスマットだったのです！

「なんで、バスマットなの⁉」

保育士さんたちも面食らっている様子で、私に助けを求めてきます。

私が中国語で理由を聞くと「だって、風呂敷でしょ？」と言うのです。そうなのです。中国語で「風呂敷」は「風呂に敷くもの」、つまり「バスマット」になるんですね。漢字だから意思の疎通がうまくいくと思いきや、とんだ勘違いを引き起こすので、注意が必要です。

また、中国人のお母さんたちは自己主張が激しく、保育士さんたちが途方に暮れて、私に「どうしたらいいんでしょうね」と相談してきたこともあります。

たとえば、中国では、子どもにはたくさん服を着せるのがいいことだと思われていて、保育士さんが「滑ると危ないから」と靴下を脱がせたりすると、「虐待だ」と文句を言ってくるのです。一事が万事そんなふうで、昼寝をしているときに「汗をかくから」とエアコンを止めると、「エアコンは止めるな」、子ども同士がケンカしてすり傷を作ると「うちの子をちゃんと見ていないからだ」と、苦情を言います。

そうかと思うと、中国人のお父さんがタバコを吸いながら園内に入ってくることがあり、保育士さんが注意しても、一向にやめないということもありました。どっちにしても、自分がこうと思ったら、テコでも曲げないのが中国人の特徴といえますね。

いま、日本でもモンスターペアレントという自己主張しすぎる親が増えていますが、中国人は元祖モンスターペアレントといえるかもしれません。

第五章　中国人との上手な付き合い方、教えます。

「今度、遊びに来てください」は禁句

日本人はよく社交辞令で、「今度、うちに遊びに来てくださいね」などと言います。言われたほうも、社交辞令とわかっているので、額面通りに受け取る人はいません。そのうち、忘れてしまいます。

ところが、中国人は違います。「遊びに来てください」と言われたら、「じゃあ、いつ、行こうかな?」と考え、「来週の日曜日はどうですか?」などと本気で聞いてきます。そうなったら、いまさら「ええと、その日は用事があって」などとも言えません。「都合が悪い」と言っても、「じゃあ、いつがいいですか?」とどんどん追い詰められるだけです。

その気がないなら、そんなことを最初から言ってはいけません。ウソをつくことになってしまいますからね。

また、「今度、遊びに行こう」というのも、その気がないなら禁句です。「どこかに連れて行ってくれるんだな」と期待されてしまいます。それで、実際に誘わないと、「あのとき、遊びに行こうって言ったのに、○○さんは嘘つきだ」と思われてしまいます。親しくなるつもりがないなら、社交辞令など言わなくてもいいのです。そのほうがうまく付き合っていけます。

さらに、お土産やプレゼントも、安いものならあげないほうがいいです。自分に何をプレゼントしてくれるかによって、その人がどれくらい自分を思っているかを量ったりするので、ヘタなものをあげると、「なんだ、この程度にしか思っていないのか」と思われてしまいます。

日本人なら、「気持ちだけですけど」と言って、数百円のストラップをあげたりしますが、相手が中国人の場合、気持ちだけならあげないほうがいいです。あげるなら、それなりの値段のもので、相手が喜ぶようなものにしましょう。

また、日本人が中国に行ったときに、お土産代わりにお菓子を持っていく人がいますが、それもやめたほうがいいと思います。日本だと、職場に菓子折を持っていって、みんなで分け合うということがありますが、中国人はそんなことはしません。受け取った人が、一人で家に持って帰ってしまいます。

私が中国に出張するときは、必ず人数分のお土産を用意します。最近では、男性に日本酒、女性には化粧品を持っていきました。けっこうな荷物になるので大変ですが、向こうはもらうのが当たり前と思っているので、買っていかないわけにはいきません。これも仕事のうちですね。

中国人が一番喜ぶのは、電気炊飯器などの家電製品ですが、一人ひとりに買っていくわけにはいかないので、男性には日本酒、女性には化粧品が手頃だと思います。化粧品は、日本で数百円の洗顔料が、中国のデパートのショーケースに入っていたりするので、日本の化粧品は意外と喜ばれます。ドラッグストアでまとめ買いして持っていったりします。

軽くて便利なのは、日本茶。中国ではあまり売っていないので、ちょうどいいお土産になります。紅茶も飲みますが、コーヒーはあまり飲みませんね。とくに女性は肌が荒れると思っているので、飲む人は少数派でしょう。

どちらにしても、安いものを持っていくなら、持参しないほうがいいかもしれません。

ありきたりの接待では満足しない

日本で「接待」というと、料亭などで飲み食いしたり、高級クラブに連れて行ったりというのが相場です。私は女性なので、高級クラブには行ったことがありませんが、だいたい接待といったら、こんなものではないでしょうか。

けれども、中国人は安いお土産に満足しないのと同様、ありきたりの接待をしても喜んではくれません。自分のできる範囲で最高の接待をする。それが中国人の気持ちを動かすポイントになります。

たとえば、飲食だけではなく、観光に連れて行くとか、奥さんが同伴していたらショッピングの案内をするといった、親しい友人にするようなもてなしが大切です。観光だったら、箱根や熱海、北海道などが喜ばれます。要するに、家族のように一緒に過ごせばいいのです。社交辞令プラスαが接待のコツといえますね。

私の経験では、大阪と京都、北海道の3カ所に連れて行ったことがあります。初対面の人が相手なので、私も疲れるといえば疲れますが、一緒に楽しめばいいのです。自分が楽しければ、相手も楽しんでくれるし、それが仕事につながっていきます。中国人には「ここまでやるの〜！」というくらいがちょうどいいのです。

日本人だったら、「観光だなんて、けっこうです」と固辞するでしょうが、中国人は反対に大喜びします。単純というか、裏表があまりありません。こちらがあれこれ気を遣わなくても、うれしいときはうれしい、つまらないときはつまらないとはっきり表情に表すので、付き合いやすいと思います。

自分も楽しんで、仕事が取れれば、こんなにオイシイ話はないのではないでしょうか。

中国人に「ギブ&テイク」は通用しない

日本にはお中元やお歳暮の習慣があり、日頃お世話になっている人に感謝の気持ちをギフトに託して贈ります。つまり、いろいろ面倒を見てもらっているお礼として、贈り物をするわけです。そして、贈り物をもらったほうも、お礼状をしたためたり、電話で謝意を表したりします。

お中元やお歳暮にかぎらず、ふだんでもいただき物などをすると、お返しをします。それをしないと、「あの人はいつももらってばかり」と陰口をたたかれかねません。日本人には「もらったら、返す」という暗黙の了解があります。それが円滑に人間関係を構築する方法でもあるんですね。つまり、「ギブ&テイク」です。

ところが、中国人に「ギブ&テイク」の精神は通用しません。あげても、あげても、「もっとくれ!」という人たちなのです。子どもが両手を差し出して「ちょうだい、ちょうだい!」と叫んでいるようなものです。そんな子どもにチョコレートをあげても、何かが返ってくるわけではありません。そもそも相手が子どもなら、お返しを期待することもないでしょう。

中国人に対しても、見返りを期待してはいけません。100回ギブして一回テイクしてくれたら、よしとしましょう。それくらい鷹揚に構えることが大事です。日本式の社交辞令は通用しないと覚悟してください。やるなら、徹底的にギブすべきです。そういうものだと思って付き合えば、ストレスもたまりません。

反対に、中国人からあれこれギブされたら、何か見返りを求めているサインと受け止めるべきです。ギブのウラには何かあります。見返りを求めているのです。

以前、私が飛行機をチャーターする仕事をしたときのことです。中国の旅行会社に接待されたのです。それはもう、これでもかというくらいの豪華な食事を用意してくれました。中国の内陸部なのに、お刺身が出たのです。

「なんとかして、この仕事をとりたいんだな」

そう思いました。日本企業で女性だけを接待するなんてことはないでしょうが、中国では男性も女性も関係ありません。性別に関係なく、相手が仕事に関わる担当者なら、必ず接待します。男女が同等なのです。そういうところは評価したいですね。

中国の場合、接待されたあとに、たとえ仕事を依頼しなかったとしても、恨まれることはありません。あくまで仕事として接待しただけなので、「これだけやったのに、仕事を回してくれない」などと思ったりはしないのです。

中国人には「会社のために」という忠誠心はないので、けっこうあっさりしています。そこが、会社と自分の人生が重なってしまう日本人との違いかもしれませんね。

旅行会社への丸投げは失敗のもと

日本企業が接待でよくやるのが、旅行代理店に全面的にお任せしてしまうことです。人数と日取りだけ言って、「あとはよろしく」というパターンですね。けれども、これは失敗する可能性が高いので、やめたほうがいいと思います。

どうしてかというと、旅行代理店がいいと思うところと、実際に中国人が喜ぶところが大きくずれているからです。あまり中国人の性格を理解していないんですね。派手好きなのに、人目につかないような隠れ家的なホテルを用意したり、温かい料理が好きなのに、京都の料亭で会席の冷たい料理を出してみたり。これではせっかくの接待が裏目に出てしまいます。

泊まるなら、いかにもゴージャス！ というようなホテルや老舗《しにせ》旅館で、食事は焼き肉やステーキ、鍋物などの温かい系のものにするのが無難です。夜の街を案内するなら、銀座のクラブ。といっても、言葉が通じないとおもしろくありませんから、中国人女性がいるところか、英語の通じる六本木あたりのクラブがいいかもしれません。歌舞伎町やお台場も中国人には人気がありますから、行ってみるといいでしょう。

私はよくお台場にある大江戸温泉物語という温泉施設に行きます。ここは江戸の街を模していて、食事処《どころ》やお土産屋さん、昔懐かしい縁日などもあって飽きません。好きな浴衣《ゆかた》を選べるところも、外国人には珍しくて喜ばれます。ただ、相手が女性の場合は、知らない人同士が一緒にお風呂に入るというのに抵抗があるようなので、足湯だけにしてもいいかと思います。

遠くに連れて行くなら、京都なら金閣寺、あるいは北海道。北海道でも賑やかなところのほうがいいですね。札幌のすすきのや時計台、ジャンプ台などが人気です。冬ならスキーに連れて行くと、喜びます。ただし、日本人に人気の小樽は、中国人にはイマイチなので、ご注意を。ああいう情緒のある風情というのは中国人にはあまりピンとこないようです。京都の銀閣寺も同じ理由であまり喜びません。「わび、さびが通じない」ということかもしれません。

あとは、相手の出身地から観光地を選ぶというのもポイントですね。北京や上海などの大都市出身の人なら、北海道の富良野に大感激しますが、地方の人だと「中国のほうがよっぽど広い。ここの何がいいんだ？」ということになってしまいます。

とりあえず、初対面の中国人を連れて行くなら、派手なところと覚えておくといいでしょう。

エリート中国人は気前がいい

日本では友人や同僚と食事に行くと、たいてい割り勘にします。けれども、中国のビジネス上の食事では、割り勘という習慣はありません。というか、見たことがありません。中国人と食事に行って、割り勘にすると、ヘンな顔をされます。

じゃあ、だれがお金を出すのか。それは食事に誘った人か、稼ぎのいい人と決まっています。暗黙の了解があるんですね。日本だと、おごってもらうにしても、形だけ財布を出したりしますが、そんなことは皆無です。「ありがとう」というお礼すらしません。もう、当然という顔をしています。

ただ、学生同士だと、割り勘にしているかもしれません。私はもう学生じゃないので、よくわかりませんが、社会人で割り勘にする人はいないと思います。

私も中国式に慣れてしまったので、私が精算したあとに、同席した人からお金を差し出されると、気分が悪くなります。ご馳走しようと思っていたのに、何か悪いことをしたような気になってしまうんですね。

ただ、接待交際費はすごくかかります。それはしかたがありません。でも、稼ぎのいい人がおごるという暗黙のルールは、けっこう気に入っています。いかにもお金を持っていそうな人が、割り勘にしている光景は、なんだかかっこ悪いと思いませんか?

口達者な中国人と渡り合う方法とは

中国人と一緒に仕事をしてきて思うのは、とにかく押しが強く、口達者な人が多いということです。たとえば、議論をして意見が合わないとき、十中八九、日本人のほうが負けると思います。

とにかく、自分本位で相手のことなど考えません。いかに自分に有利に運ぶかに全精力をかけてきます。もちろん、こちらも真剣勝負で挑みますが、向こうは13億人もの人口を有する国で、競争に勝ち抜いてきた強者《つわもの》ばかり。妥協するということを知りません。私の経験では、交渉ごとの9割以上が食い違います。すんなり決まることはほとんどないといっていいでしょう。

妥協点を見いだせなかったときは、その日に結論を出さず、次回に持ち越したほうがいいと思います。一度、持ち帰って自分の意見をかっちりまとめて、相手の出方をいろいろと想定して、次の交渉に臨みます。

そんなふうですから、交渉には時間がかかることが多々あります。すぐに合意できるとは思わないほうがいいですね。腰を落ち着けて、妥協点が見つかるまで話し合いを続けます。

解決の方法として私がやるのは、「今回はそちらに譲るから、次回はこちらに有利にさせてほしい」というやり方です。交換条件ですね。

まず、こっちが先に折れる。次回の交渉があるかどうかわかりませんが、とにかくビジネスをスタートさせることが先決です。トータルで考えて、こちらの利益が望めるなら、妥協してもいいと思います。

それから、こちらの条件と利益のラインをきっちり決めておくことも大事です。ここまでなら許せるけど、それ以上は妥協できないという範囲を決めておくのです。もし、そのラインを超えるようなら、無理はしない。そういう判断は絶対、必要ですね。

ただ、交渉ごとをするときに困るのは、日本企業は担当者に決裁権がないことです。課長がいいと言っても、部長はダメかもしれないし、役員会で却下されることもあります。それに対して、中国企業は最初から決裁権のある人間が出てくるので、「どうして、すぐに決められないんだ！」と迫ってきます。相手は強気一方なので、担当者は気の毒です。

そのへんを考慮に入れて、交渉に臨む覚悟が必要ですね。

中国人と交渉するときの秘策とは

日本でも「褒めて育てる」という考え方が一般的になりつつありますが、中国人に対しては「褒めて交渉を進める」というやり方がオススメです。だれでも褒められれば、うれしいものですが、中国人には効果てきめんです。

日本人だと、あまり褒めすぎると「何かウラがあるんじゃないか」と勘ぐられたりしますが、中国人は素直に喜びます。「もっと褒めて、褒めて」という感じです。多少、オーバーぎみであっても、褒めちぎる。それが機嫌を取るコツといえるでしょう。

持っているものから容姿に至るまで、なんでもいいのです。子どもの話をして、写真を持っていたら、「かわいいですね」と褒める。奥さんの写真を持っていたら、すかさず「美人ですね」と褒める。褒め褒め攻撃をして、気持ちよくさせましょう。

最初におだてて、気分をよくさせるのが大事なのです。そうやって打ち解けて、信頼関係を作っていけば、その後の交渉もうまくいきます、たぶん。

最初に機嫌を損ねると、あとからいろいろ取り繕っても、機嫌は戻りませんから注意が必要です。とにかくプライドが高いので、一度、へそを曲げると取り返しがつかなくなるのです。

ただし、ある程度、関係ができてから、「こうしたほうがいい」「それはまずいんじゃないか」とアドバイスすると、案外、素直に受け入れます。最初が肝心といえるでしょう。

また、一般的にビジネスでは、利益だけでなく、サービスや付加価値なども交渉の取引条件になりますが、残念ながら中国人には通用しません。サービスや付加価値よりも、利益がどれだけになるか、それが一番の関心事なのです。「○○のサービスをつけるから、○○円にしてほしい」という交渉はまず成立しないと思ったほうがいいですね。

初めにお金ありき。それが中国人の商売の基本です。金銭的に折り合いがつかなければ、妥協はしないと考えていいでしょう。自分に儲けがあると思えば、自然と機嫌もよくなります。

こちらが金銭的に妥協しても、ある程度の利益が見込めるなら、それでよしとするのも、一つの考え方なのではないでしょうか。

中国人はゴージャスなホテル好き!?

仕事柄、中国人が来日するための宿泊予約をよくします。なかには「○○ホテル」と指定される場合もあります。けれども、予約を入れる前に確認しないと文句を言われることがあるので、注意が必要です。

たとえば、マリオットホテル。日本人スタッフが調べてみると、ごく普通のビジネスホテルです。

「小澤さん、このホテル、普通のビジネスホテルなんですけど、予約して大丈夫ですか?」

「え? ちょっと待って。それ、違うんじゃない?」

そう、ホテル名は同じでも、同系列とは限りません。先方から依頼のあったマリオットホテルは、中国では大きな都市の一等地にある最高級ホテル。名前は同じでも、まったく別物のホテルだったのです。もし、真に受けて予約していたら、へそを曲げられるところでした。泊まるところが気に入らないと、商談にも響いてしまいますからね。

日本人には一般的でも、中国人にとってビジネスホテルは「狭くて息苦しい。テレビとベッドとの間が狭すぎる」と不評なのです。大事なお客さまには、間違ってもビジネスホテルを予約してはいけません。

中国人が好きなのは、交通の便がよくて、ゴージャスなホテルです。周りが静かすぎると寂しがるので、賑やかなところがいいですね。また、買い物が好きなので、一点ものしか扱わないようなショップがあれば、大喜びします。

予約するときは、朝食付きにします。中国だと屋台など朝食を食べられるところがたくさんありますが、日本はホテルの周りにそういうところがないですからね。ただし、バイキングだと列に並ばずに割り込んでしまうので、その点は心しておきましょう。

観光で行くなら、旅館もいいですね。中国では至れり尽くせりのサービスというのを受けることがないので、すごく喜びます。

中国人が好きな話、避けたい話

中国人と何か話をするとき、最も無難なのは食べ物の話です。中国人は食べることが好きなので、「日本の食べ物は何が好きですか？」という切り口から入っても、けっこう乗ってきます。

また、日本の経済の話も好きです。戦後の復興から、どうやって経済成長を果たしたのか、そういう話には身を乗り出してきます。その延長で、バブルの話やはじけたあとの話にも興味がありますね。いま、中国はバブルですから、かなり関心が高いと思います。

お金が好きなので、年金の話も聞きたがります。具体的にどれくらいもらっているのか、そういう話をすると、とても喜びますね。

それと、子どもが好きなので、「お子さんはいますか？」と話しかけると、喜んでしゃべってくれます。写真を見せられたら、とにかく「かわいいですね」と褒めること。子どもを褒められてイヤな親はいないですからね。

反対に避けたいのは、宗教と政治の話です。基本的に中国は多宗教国家で、仏教や道教、イスラム教、キリスト教などが混在していますが、宗教が介在する民族紛争や、法輪功という新興気功集団の活動停止など、宗教がらみの問題を抱えているので、おそらく中国人の間でもタブー視されていると思います。

政治については、日本と中国では受けている教育の中身が違いすぎるので、話し始めると険悪になる可能性もあります。ある程度、親しくなったらできるかもしれませんが、そうでないなら、避けたほうがいいでしょう。

また、旅行の話もあまり盛り上がらないと思います。なぜなら、旅行によく行っている人とそうでない人がいて、日本ほど一般的ではないからです。日本への個人旅行も2009年7月に解禁されたばかりで、しかも、年収25万元（約340万円）以上と制限付き。2010年7月から年収6万元（約80万円）以上に拡大されたので、これからは中産階層の人たちも日本にやってくるでしょうが、個人差があるので、旅行話は一般的とはいえないでしょう。

中国人には志村けん好きが多い

日本でも志村けんは人気がありますが、中国でも人気者です。ユーチューブでも中国語の字幕付きで配信されているほどです。だれに見せても喜びますね。笑います。中国人の笑いのツボにもはまるんでしょう。

以前、中国人の家に遊びに行ったら、志村けんのビデオを見て笑っていたことがあります。そのときは、志村けんがそれほど中国人に知られているとは思わなかったので、驚きました。いまはインターネットとか、ビデオとかで簡単に視聴できるので、日本の芸能人を知っている中国人も増えてきました。

中国人と仕事をする機会があるなら、好きな日本の芸能人を聞いてみたらいいと思います。思わぬところで共通の話題が出てくることがあるかもしれません。

中国人と結婚するとき気をつけること

私の夫は中国人ですが、概して中国人の男性はとても家庭的です。家事も積極的にやります。朝鮮族の場合は亭主関白らしいというウワサがありますが、日本人と比べれば、家事ができる人のほうが多いと思います。

とくに上海の男性は、朝、市場に買い物に行って朝食を作るという話を聞いたことがあります。それだけ上海の女性が強いのかもしれませんね。けれども、男性から「うちの女房は家事もしなくて、困ったものだ」という愚痴は聞いたことがないので、日本の男性よりよっぽど家庭的だと思います。料理もすごく上手で、おいしい。しかも、全然、いやがらないので、共働きをしたい女性なら、中国人との結婚がオススメです。

ただ、日本人女性と中国人男性のカップルは離婚率が高いらしいです。なぜかというと、一般的に、日本人女性は夫の社会的ステータスや年収などにこだわる人が多いので、「あなたのダンナさん、どこにおつとめ？」などと聞かれるのがイヤになるみたいです。日本人男性と比較して、自分の夫の稼ぎが少ないと、それが気になってくるのでしょうね。そういうことを気にしなければ、家事をやってくれる頼もしい女性の味方です。

日本人男性と中国人女性の組み合わせでは、中国人の奥さんの尻に敷かれている男性が多いように思います。中国の女性はしっかり者が多いんですよね。それで、金銭面でも行動面でもコントロールされてしまうようです。

それと中国人女性の場合、実家に仕送りをする人も多いと聞きます。これは出会い方にもよると思いますが、お見合いクラブのような結婚紹介所を通じて知り合った場合は、そういうことが多いですね。ひどい場合は、ビザがほしいばっかりに日本人男性と結婚する女性もいます。中国も地方に行くと、まだまだ貧しいところがありますから、生活のために日本人男性と結婚する人もいるようです。

中国人は電話が大好き

中国人のケータイ好きは、すでに紹介しましたが、結婚した相手への電話攻勢もすごいものがあります。私の夫も、昔は一日に20回ぐらい電話をかけてきていました。別に用事があるわけでもないのに、「いま、何しているの?」と気軽に電話をしてくるのです。

「仕事中で忙しいから、電話をかけてこないで」

何度、同じセリフを言ったことか。結婚して15年くらいになりますが、いまだに仕事中に電話がかかってきます。さすがに20回もかけてはきませんが、電話をかけるのが習慣になっているんですね。

日本人がこんなことをしたら、よっぽど嫉妬深いか、束縛したがっていると思われそうですが、実は、これ、中国人全般にいえることなのです。私がいままで一緒に仕事をしてきた中国人も、奥さんから一日に5回も6回も電話がかかってきていました。中国人には電話魔が多いようです。

私が思うに、日本人のようにオンとオフの区別がはっきりしていないからじゃないでしょうか。思い立ったら、あと先考えずに電話をかけてしまう。「仕事中だから私用の電話はやめよう」とは思わないのでしょうね。

考えようによっては、「風呂、メシ、寝る」の日本人男性より夫婦の会話があるともいえます。コミュニケーションが多いということですからね。といっても、会議中にかかってくるとイラッとしてしまいますが。そして「家族は仕事より大事なのに、なんで電話に出ない？」と激怒します。

思ったことはすぐに言うし、行動する。それが中国人の特徴かもしれません。愛情表現もストレートで、「好きなものは好き」「嫌いなものは嫌い」とはっきり口に出します。

あるとき、夫が子どもの学校の集合写真を見ながら、しみじみと言いました。

「なんといっても、おまえが一番かわいいな〜。ダントツだよ」

それを聞いた娘は「自分の子どもなんだから、当たり前でしょ」と冷めた返事。とはいっても、いつもそんなふうに言われているので、将来、日本人男性と結婚したら、「どうして何も言ってくれないの」と不満に思うんじゃないかと心配です。日本人はあまり愛情表現が豊かじゃないですから。

いわゆる「目でものを言う」とか「以心伝心」という言葉は、中国人には通じません。思ったことははっきり口に出さないと、自分のいいように解釈されてしまいます。「これくらいわかってくれるだろう」などと思わずに、きちんと話すべきです。それが中国人とうまく付き合うコツといえるでしょう。

ニコニコ笑ってはいけない

日本では「笑顔が大事」「第一印象は笑顔で決まる」などと、笑顔をすばらしいものと絶賛しますが、中国人はそうは思いません。

むしろ、ヘンにニコニコされると、バカにされているんじゃないかと勘違いする人もいます。

第三章で述べたとおり、実際に中国人でニコニコしている人は滅多にいません。サービス業の人ですら、そうです。怖い顔をしてモノを売ったりしています。

卓球の試合でも、福原愛ちゃんはニコニコしてかわいいですが、中国人の選手はニコリともしません。記者会見やインタビューでも、笑ったりしません。試しに、気をつけて見てみてください。

たぶん、「笑顔」の意味が日本人とは違うのだと思います。中国人は、本当におかしいときだけ笑うのです。意味もなくニコニコしていることなど、ありません。

私の夫も、街を歩いていると、ときどき私の肩をつつきます。

「みんな、なんで笑っているんだ？　何がおもしろいんだろう？」

そう言って、笑っている人が多いのを不思議がります。

中国人に愛想笑いは必要ありません。かえって不審がられるので、無理に笑顔を作ることはないと思います。

反対に、相手に笑みがないからといって身構える必要もありません。中国人にとっては笑わないのが普通の状態なのですから、こちらも普通の表情で対応すればいいのです。

とっても優しい東北地方出身の中国人

中国人は自己主張が激しくて、周りにいる人間が振り回されてしまうという話を書きましたが、みんながみんな、そうだというわけではありません。なにしろ、中国は広くて、大きい国ですから、出身地によっても人々の性質は異なります。

実は、私が初めて中国を訪れたのは、高校生のときです。母親に「うちの学校に留学できる制度があるよ」と話したら、「中国人は残留孤児を育ててくれるような人たちだから、心が広いに違いない。ぜひ、行ってみるべきだ」と背中を押されて、行くことになりました。

母親は残留孤児の人たちと年齢が近かったこともあり、もしかすると自分が中国に取り残されていたかもしれないという思いがあったようです。戦争の敵対国の子どもを育てるなんて、なんと度量が大きいと思ったんでしょうね。

私が中国に行ったのは昭和56年頃だったと思いますが、当時は昭和20年代の日本を想像させるような雰囲気で、懐かしい感じでした。印象はよかったですね。といっても、かなり昔のことなので、北京や上海はもう、そんな風情はなくなりましたが。

実は、残留孤児を育ててくれたのは、ほとんどが東北地方の人たちです。いま訪れても、東北地方の人は気質が優しいです。懐が深いともいえます。

これが南のほうに行くと、もっと商売気があって、日本人残留孤児を育てたりしないいんじゃないかと思います。東北地方だったからこそ、子どもを見捨てずに育ててくれたのでしょう。

また、中国に出張すると、ほとんどの中国人は夕方になると退社するのに、東北地方出身の中国人は残業していることが多いです。彼らは仕事熱心というか、性格がおとなしくて従順です。

これが上海などの都会生まれだと、自己主張はするわ、他に条件のいい仕事があればすぐに辞めるわ、で振り回されることになります。

このように出身地によって性質が千差万別なので、どこの出身かを聞いてみるといいかもしれません。それによって対応を変えるという手もありますね。

ちなみに、中国人は周りを振り回す傾向はありますが、日本人ほど細かいことは言わないので、そういうことでイライラはしないと思います。

エリート中国人を部下に持ったら?

日本では、上司が「これ、やって」と言えば、部下は素直に従います。「そんなの、やりたくない」なんて、心で思っても口には出しません。

けれども、エリート中国人に仕事を頼んだら、言下に「イヤだ」と言われてしまいます。「イヤだ」とは言わないまでも、放りっぱなしにされかねません。彼らには自分の価値観があって、納得のできる仕事じゃないとやりたくないのです。

そこで、私が中国人スタッフに仕事を頼むときは、「これ、○○の調査に必要なものだから、統計をまとめておいて」というように、調査の目的や意義をきちんと説明します。そして、毎日、その仕事がどこまでできているか、自分の目でチェックするのです。何回も何回も、しつこく「見せなさい」と聞いて確かめます。もし、見せないようなら、やっていないと判断したほうがいいでしょう。

彼らはプライドが高いので、わからないことがあっても上司に尋ねたりしません。困っていても、「ヘルプ・ミー！」とは言わないし、ギブ・アップもしないのです。つまり、仕事は進まないまま、時間だけが経っていくという恐ろしい事態に直面することになります。

こういう最悪の事態を回避する方法は、仕事を分散して別の人にも頼んでおくということです。たとえば、翻訳や資料の一部を外注に回すといったことです。つまり、リスク回避ですね。ムダなように思えますが、そうしないと、自分が尻ぬぐいすることになってしまいます。

中国人とうまく付き合うコツは、これでもかというくらい言葉で説明すること。日本人のように行間を読むとか、以心伝心はまったく通用しません。思っていることは、はっきり伝えましょう。多すぎるくらい話したほうがいいと思います。

また、相手のことを理解してあげることも大切です。そして、何か相手のためになることをしてあげる。昇進とか昇給でもいいですが、知識や人脈が広がるようなことでもかまいません。相手が知らないような話や楽しい話、日本の情報、そんなことでもいいのです。それだけで、エリート中国人の心はこっちのものです。

発想の転換でコミュニケーションを

中国には13億もの人間がいます。田舎に行けば、医療設備も整っていなくて、日本だったら助かるような未熟児があっけなく死んでしまう。生まれ落ちたときから、すでに過酷な競争が待っているのです。そして、受験戦争も日本の比ではありません。強くなければ生きていけない、それが中国です。

そういうところですから、自己主張がものすごく激しい。下の人間は上司に対して自己アピールとゴマすりがすごくて、上の人間は部下に対して傲慢に振る舞います。

第一章でも書きましたが、中国人は、あまり仕事の経験がなくても「なんでもできる！」とアピールします。日本人だったら、「私はまだまだ未熟者で……」と謙遜したりしますが、中国人に謙遜という言葉はありません。それを知らずに日本人と同じように付き合うと、高飛車な言動に振り回され、疲労困憊《こんぱい》してしまいます。

私も仕事柄、日本人が中国人の同僚や上司に対して愚痴を言うのを耳にすることがあります。いわく、「中国人の上司が来て、威張り散らしている」「昨日と今日とで言っていることがコロコロ変わる」「常識外れなことを言う」などというものです。確かにそういうところがあります。

けれども、「生まれた国や育った環境が違うのだから、違っていて当然」と思えば、それほど苦にはなりません。

「相手は王様、私は虫けら。言いたいように言わせ、やりたいようにやらせよう」

そう思うと、心が軽くなります。イヤなことも通り過ぎていきます。

自分のことを虫けらと思うというのは極端かもしれませんが、まあ、それくらいの気持ちを持てば、ワガママな中国人の言動も気にならなくなります。それで仕事が円滑に進むなら、いいじゃないですか。ヘンに張り合っても、精神力の強さでは中国人のほうがはるかに勝っていますから、こちらが疲れるだけです。

どうも日本人には中国人を自分たちより劣っていると思っているふしがあります。歴史的な背景もあるでしょうが、「国が貧しい」とか「田舎者だ」とか、そういう目で見ていたりします。そう思っている相手に振り回されると、自尊心が傷つくのかもしれませんが、ここは発想の転換が必要です。

「相手は中国人。しかたがない。大目に見てやろう」

そういうふうに思えば、中国人の横暴さも気にならなくなります。むしろ、「中国人って、おもしろい」と思えるようになれば、しめたもの。私は中国人の突飛な行動にいつも笑わせてもらっています。一緒にいて、こんなにおもしろい人種はいないと、心の底から思っています。ちょっと発想を変えるだけでいいのです。そうすれば、ストレスは激減するはずです。

会社が小さくても問題なし！

日本でビジネスをするとき、個人の力量よりも組織の大きさが重視されます。

たとえば、大手企業と中小企業で似たような商品を取り扱っているとしましょう。担当者レベルでは、中小企業の営業マンのほうが誠実で信頼できそうでも、いざ購入する段になると、大手企業の商品を買ってしまったりします。

あるいは、大きな組織にいた人間が退職して、起業したとします。そうすると、いままで付き合っていた人たちが、まったく相手にしてくれなくなったりします。小さな会社は信用できないというわけです。

その点、中国人は違います。組織が大きかろうが、小さかろうが、関係ありません。担当する相手を信じるか、信じないかで決まります。

中小企業の営業マンを気に入れば、大手企業から打診されても取り引きすることはありません。会社を見るのではなく、担当者の人柄を見るからです。

そして、一度信用したら、とことん信頼してくれます。たとえ、その営業マンが会社を辞めても、それで付き合いが終わるわけではなく、転職先でまた取り引きが始まったりします。

そういう意味では、ベンチャー企業も中国企業との取り引きは可能なのです。むしろ、日本でビジネスするよりも、やりやすいかもしれません。なにしろ、日本では会社が小さいというだけで、会ってもくれないところがありますからね。

中国人が興味を持つような商品や技術があれば、組織は小さくても、そこにはビジネスチャンスがあるということです。あとは、度胸と本気度がものを言います。こちらがどれくらい真剣に取り組もうとしているか、それが成功のカギになると思います。

大企業から派遣されて中国に来て、「中国人はやりにくそう」などと先入観を持って商談をしても、うまくいくはずはありません。それよりはベンチャー企業でも、なんとしても商談を成立させようと必死に取り組めば、相手にも一生懸命さが通じます。

その際、ヘンな偏見は捨てることです。「騙されるんじゃないか」と戦々恐々としながら事に当たってもうまくいきません。オープンな気持ちで臨むことが大切ですね。

中国とのビジネスは負けるが勝ち

いま、新聞やテレビを見ると、中国人が北海道の物件を買っているとか、中国人観光客がいっぱい買い物をしているとか、メディアが盛んに中国の情報を流していますが、私から見ると、少々あおりすぎているきらいがあります。

そういう情報に振り回されて、「中国に進出しなくちゃいけない」と焦っている日本人がけっこう多いんですね。うちに相談に来る日本企業のなかにも、どういうビジネスがしたいのかはっきりしていないのに、勇み足でやってきたりするところがあります。

そのくせ、高度な技術は取られたくない、代理店はちゃんとしたところを探してほしい等々、要望がすごく多いのです。技術提供ができないなら、中国で生産することはできず、安い商品を売ることもできません。それで中国に進出したいと言われても、困ってしまいます。

あるいは、１００歩譲って、技術提供して中国で生産することにしたとします。すると、１００の儲けのうち１００すべてを自分のものにしたい、ほんの少しでも損を出したくないというのがアリアリ。これでは中国企業にとってメリットがありません。提携話だって、なかなかうまくはいかないでしょう。

「１００あるうち30儲かればいい」ぐらいで臨んだほうがいいと思います。それでうまくいけば、いいじゃないですか。日本人は１００かゼロかで考えすぎです。日本人の経営は細かくて厳格すぎるような気がしますね。

また、中国に対して、ネガティブなイメージを持ちすぎている人が多いのも気になります。メディアが日本企業の失敗談を取り上げることが多いからでしょうか。

うちに相談してくる企業のなかにも、担当者が提携先候補の中国企業に会いたがらないことがあります。「中国人は苦手だ」とばかり、こちらに任せっきりなのです。

確かに、中国人は一筋縄ではいかないところがありますが、日本でビジネスをしていても、失敗することはあります。中国人だからと偏見を持って事に当たるのは、お互いになんの得にもなりません。まずは先入観を取り払い、オープンな気持ちで臨んだほうがうまくいくと思います。

中国とのビジネスで成功している人を見ると、細かいことをグチグチ言わず、前向きで楽しそうに仕事をしています。たとえ失敗することがあっても、「それも想定内だ」とおおらかに構えています。

日本企業は最初から100％の成功を望みがちですが、10個あるプロジェクトのうち1個でも成功すれば万々歳。そこをステップに2つ、3つとプロジェクトを成功させればいいのです。しばらく儲けが出なくても、授業料だと思えば、イライラも少なくなると思います。

業種によって取引先の地域を選ぶもよし

最近、北京に行ったときのことです。同行した上海出身の中国人が「北京の人は頭が悪い」と言うのです。

「それはどうして？」と聞くと、

「北京はバスが一律2元で、車のナンバープレートも無料で提供されます。でも、上海では距離によって地下鉄やバスの料金が変わるし、ナンバープレートも全部入札方式で、一番高い値段をつけた人が手にします。北京と上海、どっちが儲かると思います？」と言うのです。

確かにビジネスという側面から見れば、上海方式のほうが儲かるでしょうが、北京方式のほうが一律2元と決まっていてわかりやすいし、ナンバープレートを手に入れるのにいちいち入札するというのは面倒です。私から見れば、どっちがいいとはいえません。

このように、地域によって考え方がまったく異なります。それは日本も同じですが、ビジネスをするなら、地域の特性を考えて取引先を検討するのが賢明です。

たとえば、上海の人は前述したようにお金儲けがうまくて、ビジネスライクに仕事ができます。金融関係のビジネスなら上海でしょう。

一方、北京はおおざっぱな人が多いように思います。話をするとおもしろいし、付き合いやすいのではないでしょうか。また、政府の許可が必要な場合は、やはり北京でしょうね。

自動車の塗料や部品など自動車関連のビジネスなら、自動車工場が集中している広東省がいいし、食品関連なら食品メーカーの多い山東省、衣服関連なら衣服メーカーが集まっている浙江《せっこう》省、農産物のマツタケなどは四川省といった具合です。

また、情報関連なら、ＩＴ企業の多い大連が最適でしょう。大連には大連外国語大学があって、日本語を話せる人が多いんですね。それに中国人には珍しく、親日家が多いので、仕事はしやすいかもしれません。人柄も穏やかですしね。

最近はファッションにこだわる女性が増えてきましたが、化粧品や衣服の販売をするなら、上海の女性をターゲットにするといいでしょう。オシャレでファッションに敏感です。それに対して北京のファッションはあまりオシャレではなく、衣服の値段も上海より高い傾向があります。

このように、業種と地域の特性を考えてビジネスの相手を探すというのも、大切なポイントだと思います。

ビジネスチャンスは意外なところにある

私たちの仕事には、中国企業のニーズを探る調査も含まれているのですが、売りたいモノと買いたいモノの相違に驚くことがあります。こちらが考えるイチオシ商品と、相手が興味を示す商品が異なることが多いのです。

たとえば、汚水処理設備。これ、けっこう気に入ると思ったんですが、反応はいまひとつでした。世界各国の企業からのアプローチもあるので、新鮮味に欠けるようです。どこの国にもあるようなものより、日本独自のものじゃないとダメなんですね。

意外と関心が高かったのは万引き防止の装置です。これは、万引きしそうな動作を機械が自動的に解析して店員に携帯メールで知らせるというもので、日本ではコンビニやレンタルビデオ店などに設置されています。中国には、そういう最先端のシステムがないので、興味を持たれる分野ですね。

それともう一つ、彼らの興味を引いたのは日本米でした。多くの中国人から「日本のお米を売りたい」と言われました。

実際、上海で販売されている日本米はよく売れています。価格は2キロ2500〜2700円。現地産米の約15倍以上とかなり高価ですが、百貨店や高級スーパーなどで扱われていて、中国人の富裕層や高級志向の単身者に購入されているようです。日本米はおいしいし、珍しいということもあって、売れているんですね。

ただ、中国には関税割当制度があり、関税割当枠のある輸入業者は関税率1%ですが、関税割当枠がない場合は関税率が65%にも上ります。いま、日本で関税割当枠があるのは全農（全国農業協同組合連合会）だけなので、自主流通米を扱う業者も参入できるようになれば、もっとバラエティに富んだ展開ができると思います。もう少し値段が下がれば、富裕層だけでなく、中間層も買うようになるでしょう。

日本米にかぎらず、一般的に日本の食品への関心は高いですね。北京に出張したときにも、現地の中国人に「子どもに粉ミルクを飲ませているんだけど、雪印と明治、どっちがいい？」と聞かれたことがあります。

これは、有害物質メラミンが混入した粉ミルク事件の影響だと思いますが、富裕層を中心に食の安全に関心が高くなっています。その影響でしょうか。宮崎県での口蹄疫発生で、中国政府がすぐに粉ミルクの輸入を禁止しました。肉牛と乳牛は違うと思うのですが、それだけ日本の粉ミルクは人気が高いともいえます。

また、観光でいえば、最近、八丈島などに釣りに行く中国人が増えています。実は、中国の沿岸部は釣りをするような場所が少なく、内陸部の川釣りがほとんど。そういう意味では、海釣りをキャッチフレーズに観光や出版などを展開するのもいいですね。

日本語のみの資料はいらない

これは当然といえば当然のことなのですが、日本語の資料を持っていっても相手が読めないので、まったく相手にされません。それはそうですよね。

けれども、日本企業のなかには「同じ漢字の国だから、わかるだろう」と、日本語の資料をそのまま提出してくるところがあります。いくら漢字が一緒といっても、日本語と中国語ではまったく違います。読めないものを持ってこられても、相手は困るだけです。まず、日本語の資料というだけでアウトです。

中国の企業を相手にビジネスをしようと思うなら、資料は中国語で作成するのが基本です。お金を出し惜しみせず、翻訳してもらいましょう。言語は北京語です。広東語は広東省出身の人しかわかりません。中国大陸だったら、北京語ですね。

英語が通じるところもありますが、できれば中国語の資料を用意したほうが相手にも熱意が伝わると思います。資料をその場で読めれば、「これ、おもしろいですね。もう少し詳しく話を聞きたい」と、商談が進むかもしれませんからね。

ちなみに、新華ファイナンスジャパンの中国本社の社員は全員、英語ができますから、英語で通用します。金融関係の業界のスタッフは、ほとんどが大学を出ているので、英語で大丈夫です。

製造業などの場合や地方の工場などに出向く場合は、英語は通じないと思ったほうがいいでしょう。通訳を同行するのが基本ですね。

中国企業と日本企業のスタンスの違いとは

いま、中国の巨大市場を狙って、多くの日本企業が自社商品を売ろうと画策していますが、あまりうまくいっているとはいえません。なぜかというと、日本はまず中国企業に商品を買ってもらおうとするからです。最初から儲けようと考えています。まず売掛金ありきなんですね。

けれども、中国側では、売れるかどうかわからないものを買うのはリスクが高いと考えています。しかも、宣伝したり、営業したりして売るのは自分たちです。それなのに、「どうして最初にお金を出さなきゃいけないんだ?」というワケです。

彼らの言い分は、そうではなくて「一緒に売りましょう」というもの。それが中国企業のスタンスなのです。そして、売れたら、利益をシェアしたいと考えています。

「買ってくれ!」

「いや、一緒に売ろう」

そうやって、お互いが譲らないので、ビジネスがなかなか成立しないという状況にあります。私にしてみれば、サンプルで商品を提供してしまえばいいのではないかと思います。それで、中国市場向けにマーケティングをすればいいじゃないですか。それで売れそうだという手応えがあれば、中国企業も商品の仕入れに応じるでしょう。

最初の取り引きで足踏みしているよりは、思い切って一歩を踏み出し、商機を狙う。そうすれば、日本企業も中国企業も次のステップに移行できます。

そんなことを言うと、「もし、商品が売れなかったら、サンプルとして出した分がマイナスになるじゃないか!」と反論されるかもしれませんが、ここは「損して得とれ」の精神で臨んだらどうでしょう。

中国人は商売上手です。売ることにかけては日本人より、はるかに上をいきます。先行投資だと思って商品を提供し、その後は中国人の才覚でどんどん売ってもらう。そうすれば、結果的にはプラスの利益を生みます。

これは中小企業には厳しいことかもしれませんが、取り引きの前に足踏みするよりは「最初は損をしてもいい」と覚悟を決めて、前進してみてはどうかと思います。中国との取り引きには度量の大きさも必要です。

大きな果実を得るためには必要なことだと腹をくくれば、中国とのビジネスはうまくいくと思います。

調査依頼だけして満足する日本企業

日本企業は調査するのが好きなんですね。もちろん、取り引きの前に相手企業の調査は必要ですが、調査、調査で一歩も前に進まない日本企業がけっこうあります。

「まずは調査が必要だ」と有名なコンサル会社に調査依頼するのです。ところが、大手のコンサル会社は戦略コンサルティングがメインなので、実際にそれを実行するためには、その企業のやり方を変更しないと前に進めなかったりします。

けれども、企業がそれまでのやり方を変えるというのは大変なことです。たとえ、コンサルティングの内容に満足したとしても、実行するかどうかは別問題。調査はしたものの、「そんなやり方はしたことがないし、これからもできない」ということになり、実際の中国企業との取り引きは全然進まないという状況に陥ってしまいます。

それでも、とりあえず、大手のコンサル会社で調査をしたという満足感は得られるわけで、それで安心してしまう。そういう企業が多いと思います。

私が残念に思うのは、その調査には莫大な資金が投入されているということです。コンサルティングに1億円かける余力があるなら、そのお金で中国の代理店候補に商品サンプルを渡して売ってもらえばいい。そのほうが売れる商品かどうか、はっきりとわかります。1億円を調査にかけるなんて、本当にもったいないことです。

うちも企業調査をやりますが、そんなマクロ的な戦略コンサルティングなどはやりません。もっと具体的なコンサルティングをします。

たとえば、コピー機のメーカーから中国で商品を売りたいという依頼を受けたら、中国の販売先をリストアップして片っ端から電話をかけます。そして、いつ頃、買い換えか、購入予定はあるか等をチェックします。そうしないと、オフィスが引っ越ししていたりするので、確かな情報を得られないのです。なにしろ、いま中国は経済の動きが激しいですから、企業の移転もしょっちゅうなのです。

あるいは、自動車のバンパーを作っている日本企業の場合は、生産しているものが特殊なので、どこにセールスしていいかわからない。そういうとき、うちでは具体的な代理店を探して担当者をリストアップします。

いくら大きな戦略を描いても、すぐに行動に移せないなら意味がありません。企業調査をするなら、意味のある先行投資をすべきだと思います。

中国人流シンプル・イズ・ベスト

現在の新華ファイナンスジャパンの前身のネットチャイナを立ち上げたとき、広東省と上海出身のふたりの中国人と一緒だったのですが、そのとき中国人の仕事のしかたを知ることができ、いまの仕事に役立っています。それは日本とはずいぶん違うもので、驚きました。とにかく、考え方が実にシンプルで、目的を達成するまでの距離が短いのです。

それに対して、日本企業の場合は、企画立案からGOサインが出るまでの道のりが長い。あっちに行って交渉して、こっちに行ってまた交渉してと時間がすごくかかります。そのうえ、役員会にまで稟議《りんぎ》をあげるとなると、さらに時間をとられてしまいます。

おまけに、大人数で稟議を回して決裁するため、責任者がだれかわからない。何かあったらだれが責任をとるのか、はっきりしないことが多いんですね。

その点、中国企業はトップダウンで物事がどんどん決まっていきます。商談のときも、決裁権のある人間が出てきますから、その場でGOサインを出すことができるのです。

日本企業がすぐに返事できなくて、モタモタしている間に別の企業に話を持っていかれるということもあります。そのへんは日本企業もスピード感を持ってビジネスをしたほうがいいと思いますね。

また、中国人は相手の担当者が若かろうが、女性だろうが、信頼できると思えば、対等に話をします。「若すぎて頼りない」とか「女なんて仕事ができない」などと偏見を持ったりしません。年齢や性別にはこだわらないのです。

だから、中国では女性の社長や幹部社員が大勢います。私も、日本では女性社長はまだ珍しい部類に入りますが、中国ではごく普通に対応されます。

そんなわけで、女性も男性同様にバリバリ働いています。もし、中国とのビジネスで担当者が女性でも「なんだ、女性か」と軽く見ないでください。男性と同じように対等に付き合うことが大切です。

お得意さんでも油断大敵

日本人は義理人情に厚いと言われています。それは仕事の世界でもそうです。たとえば、保険の外交員が足繁く通い、何度も顔を合わせているうちに気心が知れて、「じゃあ、あなたの顔を立てて生命保険に入ろうかな」ということもあります。あるいは、長い付き合いのある会社とは「苦しいときに助けてもらったから」とか「慣れているところがいいから」と、他に条件のいい取引先が見つかっても、そのままビジネスを続けていたりします。そうやって、お得意さんを大事にする商習慣が身についているのです。

ところが、中国には義理人情も、お得意さんを大事にするという考え方もありません。何度、営業に行っても、自分に利益がないと思えば、絶対、契約することはないし、たとえ契約が成立しても、次の契約更新のときに、他にメリットのある会社が見つかれば、簡単に乗り替えてしまいます。顔なじみになったから、仕事がずっと続くなんて、間違っても思ってはいけません。

それは中国企業との取り引きを経験したことのある人なら、だれもが異口同音に嘆くことです。

「あちこち根回しして、やっと契約が成立したのに、プロジェクトが終わったら、あっさり切られちゃったよ。まいったね」

そんなぼやきが聞こえてきそうです。

なかには、「ようやく契約にこぎつけそうだ」と安堵《あんど》したとたんに、他の条件のいい会社に横取りされたという日本企業もあります。

要するに、毎回、一発勝負なのです。中国人は常に「どうしたら自分が優位に立てるか」「どうしたら利益を上げられるか」を考えています。お得意さんという概念は中国人にはないのです。義理人情を期待したら、あっさり裏切られます。

ある意味、仕事にシビアなのだともいえます。いつも契約の中身や条件をチェックし、臨戦態勢で臨むこと。それが契約を長続きさせるコツかもしれません。

強気の中国人でも落ち込むときはある

中国人のプライドの高さと自己主張の激しさには、いつも苦笑させられている私ですが、こんな強気一辺倒に見える中国人も落ち込むときはあります。会社ではガンガン主張している中国人が、家に帰ったらショボンとしていることだってあるのです。

ただ、表面に出さないだけです。「弱い部分を見せたら負けだ」と思っているのでしょう。よほど親しい人でなければ、愚痴を言ったり、弱音を吐いたりしません。

その証拠に、中国人の自殺率は決して低くはありません。中国全土の統計は整備されていませんが、都市および地方での1999年の自殺率（10万人当たり）は男性13・0、女性14・8と報告されています。とくに農村部の若い女性に自殺者が多い傾向があり、その原因として、都会と農村の貧富の差、過酷な労働や家庭内での地位の低さなどが挙げられます。

私が気になっているのは、台湾系の電子機器メーカー・富士康の広東省深圳《しんせん》にある工場で、若い労働者の自殺が多発していることです。雑誌の記事などを読むと、工場は冷房が効き、近くにある宿舎にはインターネットやプール、カラオケ、ジムなどを完備していたとか。住居環境は整っているみたいですが、自殺の背景には、長時間の単純労働と安い賃金があるように思います。

自殺を図った工員たちは18歳から24歳までの若者たちで、1979年から始まった一人っ子政策で生まれた人たちです。彼らは親世代と違って、それなりに豊かな環境で育ってきているので、安い賃金で働かされる状況には耐えられないのかもしれません。

賃金を上げるなり、報奨金を出すなり、何か手立てが必要ということでしょう。

工場のストライキを回避する方法

中国は安価な労働力で「世界の工場」といわれてきましたが、最近では労働者のストライキが頻発しています。広東省にあるホンダの部品工場のストライキも記憶に新しいところです。

企業側からすると頭の痛いことでしょうが、私からみれば、工場労働者の賃金が安すぎます。いま、中国は物価が上昇していますから、工員たちが怒るのも無理はありません。日本で生産するのに比べて、ものすごく安い人件費で作っているわけですから、もう少し、利益を労働者たちに還元してもいいのではないでしょうか。

ちなみに、日本人一人の駐在員にかかる費用は、年間で最低2000万円ぐらいでしょう。向こうでは、お手伝いさんがいて、奥さんは語学学校に行って、子どもの学費も出してもらってと、優遇されていますからね。

それに比べると、工場労働者の賃金が月1万円から2万円というのは、ひどすぎると思います。もう少し意識を変えて、労働者とうまくやっていく道を探るべきなのではないでしょうか。

その一方で、中国人労働者の人件費が上がっていくことを見越した対策も必要だと思います。つまり、ミャンマーやベトナム、インドなど、次の候補先をキープしておくということです。そうしないと、ストライキで生産がストップしたときの損失は計りしれませんからね。

ホンダの場合は、一日2・4億元（約31億円）の損失になったのではないかといわれています（中国「毎日経済新聞」より）。こんな大損をするなら、工員の賃金を上げておいたほうがよかったんじゃないかと思います。

新華ファイナンスジャパンでは、中国人と日本人の給料の額を同じにしています。同じ内容の仕事をしているなら、給料に差をつける理由がないからです。日本企業もそういう意識で中国人を雇うようになれば、もっと良好な関係が築けるのではないでしょうか。

手先が器用で繊細な日本人と、商売上手な中国人が手を組めば、怖いものなしだと思うんですけれどね。早くそうなってほしいです。

なぜ日本人駐在員の自殺が多いのか

これは中国にかぎらず、海外で働く単身赴任の日本人駐在員に共通することなのか、よくわかりませんが、中国駐在の日本人男性が自殺したという話をよく耳にします。ただ、本社では自殺扱いにはしないことが多いようなので、あまり話題にはならないみたいです。

おそらく理由は2つあると思います。

一つは女性問題。単身赴任していると、さびしいからとスナックやクラブに行ったりして、女性と知り合う機会がけっこうあります。そこから深い関係になるというのはよくある話ですが、中国人女性は強いので、愛人だからと日陰の身に甘んじたりはしません。男性の付き合いが悪くなったり、お金がストップしたりすると、会社に乗り込んできたり、「奥さんに言うわよ」と言って脅したりします。

そうなると、根はまじめな日本人のことですから、どうしていいかわからなくなります。にっちもさっちもいかなくなって、死を選んでしまう。

もう一つは、職場うつ。言葉が通じなくて、同僚や部下との意思の疎通がむずかしくて、思ったように働いてくれない。それなのに、本社からは「売り上げ倍増」だの「成果達成」だのと矢のように指令が飛んでくるわけです。それで、途方に暮れてしまい、追い詰められて死を選ぶ。

日本企業もそれなりに対応はしているようで、以前、上海で自殺防止のためのセミナーを開いているのを見たことがあります。また、私が出張に行ったときに、日本企業の駐在員から「会って話を聞いてほしい」と声をかけられたこともあります。社内の人に愚痴るわけにはいきませんからね。私のような外部の人間に話すだけで、「ホッとする」と言われます。

そういう状況ですから、クラブの中国人女性に片言の日本語で優しくされると、コロッといっちゃうんでしょうね。でも、相手は日本人をお金持ちの「打ち出の小槌」だと思っていますから、くれぐれもご用心を。

国有企業と組みたがる日本企業の勘違い

日本の国鉄や電電公社が民営化したように、中国でも私有企業がどんどん増えています。たとえば、１９９０年には国有工業経済の規模が私営工業経済の規模の10倍もありましたが、２００８年にはその割合が逆転し、国有工業経済の規模が私営工業経済の規模の50％にまで減少しています。

とはいっても、エネルギーや通信、鉄道、航空、電力、公共事業などは、まだ国有企業が握っています。規模が大きくて安心感があるのか、日本企業は国有企業と手を組みたがる傾向があります。けれども、はっきり言って、オススメしません。

日本のＪＲやＮＴＴが民営化する前のことを思い出してください。規模は大きかったものの、お役所仕事で効率が悪く、迅速な対応や臨機応変な決定ができませんでした。サービスという点でも民間企業に比べると、見劣りがしていたと思います。

中国の国有企業も、まさに旧国鉄や旧電電公社と同じです。やることは遅いし、態度は横柄でエラソウだし、ビジネス相手としては最悪といっていいでしょう。どうして、日本企業は国有企業と提携したがるのか、理解できません。実態を知らないのでしょうか。

実は、ある日本企業が、中国の国有企業と提携してジョイントベンチャーを立ち上げたのですが、その後、まったく進展していないのです。中国側は一応、「やるよ」というGOサインは出しているのですが、時間と接待費だけがどんどん消えています。

こんな動きの鈍い国有企業とビジネスをするより、私有企業のやる気のある若い経営者と手を組んだほうがよっぽど早く仕事が進みます。やる気のない国有企業に接待費を使っても、ドブに捨てるようなものです。ああ、もったいない。

いま、中国とのビジネスでうまくいっている日本企業は、私有企業と提携しているところが多いと思います。国有企業は厳しいですね。ビジネスをするなら、断然、私有企業です。規模も大きくなくて大丈夫です。中国は組織より個人の力量がものを言う社会ですから、やる気のある経営者に出会えば、仕事はどんどん進みます。

私は仕事柄、中国人の経営者と数多く出会っていますが、規模が小さくても販売ルートをしっかり持って事業をしている会社はたくさんあります。そういうところと手を組めば、効率よくビジネスができると思います。

日本と中国は意外といいコンビ!?

日本と中国の関係は「近くて遠い国」と表現されることがあります。ときに中国人の反日感情が高まることがあれば、日本人の反中感情が高まることもあります。それは過去の歴史的な経緯がそうさせるのでしょう。

けれども、古《いにしえ》までさかのぼれば、漢字や仏教など、文化的な情報は中国から伝わってきたのです。いってみれば、先生と生徒、先輩と後輩の間柄です。日本は長い年月をかけ、中国から受け継いできたものを日本流にアレンジして、独自の文化をつくってきたともいえます。

こうしてみると、日本と中国は切っても切れない関係にあるといえるのです。同じアジアの国として手を携《たずさ》えれば、お互いの発展にプラスになるに違いありません。

私が思うに、中国人はおおざっぱで大風呂敷を広げますが、日本人より独創的で商売上手です。周りの中国人の日頃の交渉術を見ても、その才能には脱帽させられます。

一方の日本人はチームワークでの仕事に長け、手先が器用で、あれこれ手を加えて新しい商品を作るのが得意です。

ですから、手を組めば、お互いの不得意なところを補い合えるはずなのです。

中国人はおだてれば、木のてっぺんまで登る人たちです。彼らの言い分に耳を傾け、妥協できる点は妥協して、うまくビジネスを軌道に乗せる方策を考えてみるべきなのです。細かいところには目をつぶり、四角い部屋を丸く掃くようにして対応すれば、結果的には大きな果実を得ることができます。それに、どっちみち中国なしで経済成長はなしえない状況なのですから、ここはひとつ、中国という土俵で相撲を取ってみるのもいいのではないでしょうか。

あとがき

最近、テレビや新聞などのメディアで「中国」という言葉を見かけない日はありません。それくらい注目されている一方で、日本人のなかには、中国人やアジアの人を下に見たり、マナーの悪さを指摘して、できることなら接触したくないという人がいたりします。ビジネスの面でいえば、人から聞いた「中国人に騙された」という話が一人歩きして、必要以上に怖がっている日本人が多いことを残念に思います。

私にとって中国人は「おもしろい！」のひと言に尽きます。日本人の常識から見ると「？」なところもありますが、付き合ってみると、実に聡明で愉快で大胆で、見ていて気持ちがいい人ばかり。日本人のような繊細さはありませんが、その精神的な強さには驚愕《きょうがく》させられるものがあります。

今回、『爆笑！ エリート中国人』を出版するにあたり、評論家でもない私のような一般人が本を書くのは世間に対して申し訳ないと思う一方で、もっと中国人を好きになってもらいたいという気持ちもあり、思い切って出版に踏み切りました。

本を読んでいただくとわかると思いますが、毎日、本当に楽しく仕事や生活をしています。私は日本や米国の会社で働いた経験もありますが、中国の会社で働くストレスは、それに比べるとゼロに等しいのではないかと思います。

それは、たぶん自分が自分でいられるからだと思います。本音と建て前がなく、あれこれ悩まずに付き合うことができます。どうしてこんなに楽しい人たちを日本の人が斜めに見てしまうのか、不思議でたまりません。

知識の面でも、私たちとは比べものにならないほどの勉強をしています。なにしろ13億人もいる競争社会なのですから。私が持っている知識も、大部分は中国人から教わったものです。

また、日本の男性と話をしていると、「小難《こむずか》しい話をする女はイヤだ」とか、「女性は30歳を超えたら終わりだ」などと言われて、まったく相手にしてもらえませんが、中国は男女平等ですから、ヘンな気を遣う必要がありません。中国人と議論するのは本当に楽しいと思います。よくわからない理屈だったりもしますが、物の見方は一つじゃないとわかること自体、とても素敵なことだと思います。

中国とのビジネスに関していえば、「中国人に騙された」というのが合言葉のようになっていますが、日本人同士のビジネスでも騙されたり、売掛金の回収ができないことだってあります。納期を一週間過ぎただけで、慌てて「売掛金の回収ができない」と涙ぐむ日本人を見ると、「もっと度量を広く持ったら?」とハッパをかけたくなります。払わないと決まったわけじゃなし、経理担当者にとっては、いかに支払い期日を延ばせるかが、腕の見せ所にもなります。

国が違えば、日本と同じ商習慣は通じません。それを頭に入れてビジネスをすれば、腹も立たないでしょう。

私が初めて中国に行った1981年は、まだ人民公社の時代でした。この30年の変化はとても大きく、筆舌に尽くしがたいものがあります。中国の経済成長をうれしく思う一方で、その当時の、お財布をその辺に置いておいても、誰もとらなかった時代を懐かしく思うこともあります。

本書を書き終えたいま、少しでも中国の人と日本の人が理解し合い、人材交流や技術交流、経済交流などすべてがうまくいくことを願ってやみません。隣の国にこんな大きな市